U0023768

到巴黎尋找海明威

作者、繪者／羅彩菱（Joyce）

用手繪的溫度，帶你逛書店、啜咖啡館
閱讀作家故事，一場跨越時空的巴黎饗宴

作者序

二〇一三年我舉辦了一場「下一秒，巴黎」的個展，宣傳的海報上印的是雙叟咖啡館為主題的街景，比原作還大好幾倍，單張噴墨的印刷效果很好，我看著海報，就好像置身其中，更奇妙的是，大文豪海明威先生的巴黎回憶錄，由成寒女士譯成中文的《流動的饗宴》也一同鋪展開來，於是動念到巴黎尋找海明威。距離出發到巴黎旅行的前半年，在師大法語中心上了兩期法文課，有很長一段時間家裡到處都是巴黎的書，每天看一部法國電影，熱切想知道一些關於巴黎的事。

記得在巴黎的第一天下午，歌劇院地鐵站內，兩支簡單的日光燈管，陳舊的桌椅與古老的裝潢櫃台裡沒有表情的服務人員，我坐在保羅（Paul）麵包店享用了玻璃櫥櫃裡的可頌麵包，配上一杯熱咖啡，算是簡單的法式開場。

回到台灣寫了一年的巴黎，超過一百張插圖全部收錄在這本書裡，畫圖用掉的時間很長，至少有兩三年，決定出版的主要關鍵人物是總編輯增娣，我心裡一直很感謝她，還要謝謝主編小淵的幫忙，與負責這本書的編輯團隊Belle、美編，很美好能和你們一起完成這本書。

還有，謝謝陪我走過巴黎的海明威先生，在書裡面說的十三個故事，療癒了我創作時而澎湃時而枯竭的心境，每一個故事對我來說都有不同的意義，並成為強有力的支撐點，將這本書完整呈現。

Joyce

目錄 CONTENTS

13種不同的迷人樣貌，交織成一座經典的城市。

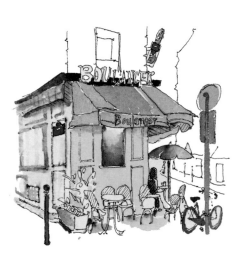

跟著海明威的足跡，體驗流動在巴黎間的永恆饗宴……

濃郁萃取巴黎
歷史文化氛圍下低調奢華的第一區

巴黎旅行如同彈唱一首人生歌曲，而巴黎之歌從一開始就是動人心弦的副歌——第一區。以蝸牛殼之姿發展出來的巴黎二十個區，第一區位居於中心點，此區的低調奢華感，因為歷史文化氛圍的映托下顯得厚重。舊時皇宮改建成的羅浮宮，皇太后凱薩琳的法式庭園杜樂麗花園，優雅地漫步在這裡，萃取一份巴黎的濃郁香醇。

不論我們怎麼變，巴黎怎麼變，也不論去巴黎有多容易，有多困難，我們總要回到巴黎。

——海明威《巴黎的日子永遠寫不完》

追憶美好年代

多年後重返巴黎的海明威

文豪海明威先生入住過的麗池酒店就位在第一區的凡登廣場，能夠寫出經典的巴黎回憶錄《流動的饗宴》（A Moveable Feast）一書，全拜海明威本人晚年重返麗池酒店時，意外尋回早年留在酒店內的巴黎日記與手札所賜。如今凡登廣場除了麗池酒店，櫛比鱗次的頂級珠寶店也提升了這裡的尊貴程度……

一九五三年海明威以很著名的《老人與海》領過普立茲獎，次年成為諾貝爾文學獎得主；一九五七年海明威五十八歲，寫作三十年已是家喻戶曉的暢銷作家。他在巴西所撰寫的巴黎回憶錄《流動的饗宴》（A Moveable Feast）一書中的最後一個篇章〈巴黎的日子永遠寫不完〉鉅細靡遺地描述和第一任妻子海德莉一起滑雪的日子，二十多歲青春年華的兩人笑聲燦爛且身型妙曼，從兩個人變成三個人的家庭生活，可愛兒子邦比三個月大便隨父母從美國紐約搭乘小客輪，橫越北大西洋，航行十二天途中一聲都沒哭，即使風狂雨驟中依然樂得咯咯笑。直到變成三個人一起帶孩子——也就是海明威愛上了太太的

閨蜜葆琳（巴黎時尚雜誌《Vogue》編輯），她甚至成為海明威第二任太太，海明威的第一段婚姻維持了五年。

「多希望在我只愛她一個人時就死去。」海明威說道。

「不論我們怎麼變，巴黎怎麼變，去巴黎有多容易，有多困難，我們總要回到巴黎。巴黎總是值得眷戀，不管你帶去什麼，都能得到回報。不過，這裡寫的是早年的巴黎，當我們很窮但很快樂的日子。」

海德莉比海明威年長八歲，海明威辭去原本在美國的記者工作，靠著微薄不穩定的稿費，專心在巴黎學習寫作，海德莉則教鋼琴、帶小孩，時時傾聽海明威的寫作時的細瑣心事。時值戰爭過後，美金在巴黎能夠放大幣值，物價變得便宜，可藉以維生，巴黎文人聚集不是沒有原因。如今巴黎消費已是國際水準之上，然而一九二○年代來自各國的文學藝術創作人所留給巴黎的故事，追憶著那美好年代，巴黎更加值得我們親臨感受。

穿越巴黎的夢幻「拱廊街」

打從訂飯店開始，就心繫著距離飯店徒步僅需十五分鐘即可到達的羅浮宮，位於巴黎第一區的羅浮宮及杜樂麗花園占地十分廣闊，幾乎是這一區的二分之一大，當我放下行李，迫不及待就出門去實踐旅行計劃的第一步，也就是「穿越夢幻拱廊街到羅浮宮」。

雖然利用「谷歌地球」（Google Earth）軟體早已經熟記路線，但是當到達了聖安尼街（Rue Sainte Anne）附近還是有迷失一下方向，這附近是有名的日本街區，有相當多的日本料理，像是燒烤或是拉麵店，還可以看到珍珠奶茶專賣店；不過附近開店的東家大多數是來自中國溫州，與日本道地風味有些不同，價位跟在台灣吃到的日本菜比起來也高出兩倍以上。

我去到街上一家「秋麵包店」（Aki Boulangerie）點了咖啡和甜食，與一些當地人坐在店裡，享用我初來乍到巴黎的第一份下午茶，

選擇進入一家店名為日文翻譯出來的咖啡館，先為自己開啟一道由亞洲人模式通往歐洲人模式的閘口。今天的天氣很好，許多巴黎人都在戶外座位區享受陽光，他們也喜歡親近草地，我常想著赤腳斜躺在地上聞泥土的味道、被陽光直接照射等這些日常習慣，是不是因為國情而有所不同；外國人多半喜歡這樣做，但是我們則會坐在木椅子上，並選擇有樹蔭的位置，包括我自己。

在弄清楚方位之後，我離開咖啡館走到自十七世紀就落成的皇家宮殿花園（Palais-Royal）附近地區散步，若搭乘地鐵一或七號線在皇家宮殿花園站或羅浮宮（Mus'ee du Louve）站下車，徒步三分鐘可達。

法國國王路易十四曾經在這裡度過他的童年，皇家宮殿花園年代久遠的舊廊道，顏色灰撲撲地，服飾櫥窗內的洋裝看起來像八〇年代的電影場記道具房，我在這些洋裝前看得入神，窈窕玲瓏的剪裁很像

● 皇家宮殿花園到薇薇安拱廊街之間，位於薄酒萊街二十六號的一間披薩店。

小時候母親常看的洋裁雜誌裡的圖片。母親年輕的時候是才華洋溢的裁縫師，我們幾個姐妹都穿過她親手為我們打版縫製的洋裝，我最喜歡的是一件藍白色水手領子的小洋裝，直到現在都還記得穿起來覺得自己像小公主的心情，母親的手藝真的很巧。

皇家宮殿花園區不能錯過的除了拱廊（Arcades），還有相當具有特色的布倫陣列廣場（Buren's columns），廣場上壯觀的裝置藝術，兩百多個黑白相間的小柱子，深受小朋友喜愛，幾位認真帶孩子

● 看著一種手工訂製服特有的美麗，我在櫥窗前駐足許久，彷彿進入錯置的時光隧道。

的爸爸在廣場上顯得特別帥氣，讓我不由自主從遠處就按下快門，捕捉這個迷人光采。花園裡有修剪到非常整齊的樹木和一座噴泉，有些人圍著噴泉隨性坐著，也有些席地而坐的，還有在咖啡座位上的，唯一相同的是大家都在曬太陽享受溫暖，或者說是在進行人類的光合作用。有幾隻鴿子在灰色的地上跳躍啄食著，它們也是灰色的，襯著商店裡金黃色的燈光，牆面的法文配上黑色的鑄鐵欄杆很好看。整體看來，皇家宮殿花園可以說是一個很巴黎的地方。

離開皇家宮殿花園後，搭乘地鐵一號或是七號線，在羅浮里沃利（Louvre Rivoli）站下車走上里沃利街（Rue Rivoli），街道上有一整排的商店街，從頭走到尾的話，可以接著過馬路到對面把羅浮宮及杜樂麗花園沿路逛回來，回到出發的原點。這個行程，即使不進羅浮宮去參觀，也需要花費一些時間及體力，原因是面積相當大，而且必須要用散步方式體驗整個區。

過馬路後到了里沃利街對面的杜樂麗花園（Tuileries），在花園周邊的商店街有間著名的安卓莉娜茶屋（Angelina tearoom），眼看店前有一些人在排隊等著進去，旁邊的安卓莉娜冰淇淋活動花車可以外帶不需排隊，吸引我去買了一球嚐嚐，年輕的工讀店員顯得有些靦腆，因為我請他幫我選一個最受歡迎的口味，他想了一會兒，跟我說年輕女孩通常喜歡有點酸的口味，現在我已經想不太起來那是什麼口味了，只記得在暖暖的陽光下坐在杜樂麗花園，享用了年輕女孩最喜歡的安卓莉娜冰淇淋口味。

杜樂麗花園是順沿著塞納河所建造而成，所在位置夾在羅浮宮和協和廣場的中間，占地遼闊，是由十六世紀的王后凱薩琳·麥地奇宮（Catherine de Medicis）改建的法式庭園，是巴黎市民休憩的主要地點之一。說到杜樂麗花園，總讓我想起《巴黎我愛你》電影中的其中一段「杜樂麗花園」，美國觀光客（史帝夫·布希密飾演）在地鐵

● 離開巴黎的前一天傍晚，再次到協和廣場上深情望著這一幕美景，「再見了！巴黎，」小聲地說著。

站裡正在看著巴黎旅遊手冊，對面月台上一對情侶為了細故爭吵，然後一連串波及無辜的美國遊客；影片中地鐵站裡斗大的杜樂麗花園站名，說明了拍攝地點正是在杜樂麗花園站，而片中瘋狂的巴黎情侶提醒我，到了巴黎，對於周圍人事物雖然需要提高警覺，但得保持自然、不刻意，以避免被無端捲入巴黎人習以為常的「喜怒哀樂」情緒危險關係當中。

假如剛逛過又長店家又多的里沃利街道和商店街，加上廣大的杜樂麗花園，需要上一下洗手間，在靠近協和廣場（Concorde）的大門旁邊有一個方便的付費廁所，一個人需付零點七歐元，入口處感覺像是台灣的一般商店，但是櫃台有兩位收費人員，其中的中年熟女店員還會俏皮地向不知情的遊客眨眼示意，這是付費廁所不要懷疑。

協和廣場可以遠眺巴黎鐵塔，不管天氣如何變化，在廣場都可以看到美麗的天空，搭乘地鐵一、八、十二號線到協和廣場站後徒步三分鐘可達；廣場中央有古埃及的美西斯方尖碑及兩座噴水池，晚間有燈光秀，面積八萬四千平方公尺，曾是法國大革命時期的刑處場地，歷經多次更名後才改為現在的「協和廣場」。

我在巴黎因為特別喜歡觀看協和廣場的天空變化，一共來到這裡三次，最後一次是離開巴黎的前一天傍晚，我從協和廣場站漂亮典雅的地鐵站出口走上來，抬頭看到雄偉充滿力量的石雕獅子，心情也為之振奮，我帶著剛在第四區聖保羅（Saint-Paul）站附近的著名保羅（Paul）麵包店買的超大馬卡龍，在廣場前一邊吃一邊欣賞這片天空，即使是一個人，也覺得幸福。我來到巴黎，最喜歡的便是這一份自由與滿足，是一種沒有框架的寬闊與釋放！在有限的人生經驗中，傳統無形的框架總是在心裡，而巴黎因為自由的氛圍濃厚，心情也得到療癒，巴黎是一場流動在心裡的盛宴。

從里沃利街上的拱門穿越，進

入羅浮宮廣場，觀光巴士及公車帶來很多遊客，金字塔附近到處是拍照留念的旅客，我走進這個笑聲不絕於耳的廣場，竟感覺如此奇妙，答案應該是大家都喜歡羅浮宮。金字塔正前方是小凱旋門，若是有時間還可以前往巡禮。

著名的羅浮宮美術館（Mus'ee du Louvre）坐落在塞納河右岸，初期僅作為防禦性城堡，十四世紀由查理五世改為宮殿，十六世紀重建後四百年間不斷擴建修整，具有哥德式及文藝復興時期的建築風格。羅浮宮前的現代建築玻璃金字塔，為華裔建築師貝聿銘設計，將自然光引進古建築物內，是美術館入口；館藏分為八大部分，分別是古東方文物、古埃及文物、古希臘、伊特魯利亞及羅馬文物，雕塑、工藝品、繪畫、書畫刻印藝術、羅浮宮歷史與中世紀的羅浮皇宮等，也會有臨時性的展出和其他長期展的補充。

作為世界最大、最具象徵地位的美術博物館之一，羅浮宮是一個極需要感受力的地方，建築物七百多年的歷史和博物館裡的展示作品都具有強大的磁場，儘管能夠記誦背景故事，最重要的還是靜下心讓自己好好感受，其中三項主要展覽為《蒙娜麗莎》、《勝利女神》、《米洛的維納斯》雕像。

羅浮宮美術館強大的影響力除了在藝術、工藝與建築方面發揮作用外，也觸及了電影領域，法國電影《羅浮宮謎情》中，低迷憂傷的劇情隱約透出一些溫暖，大綱是述說羅浮宮裡的一幅十七世紀畫家華鐸（Watteau）的作品《丑角吉爾》（Gilles）中暗藏的愛情祕密，關於一個在華鐸多幅畫作中重覆出現的女演員背影。一段未能結出甜美果實的愛情，使得這個畫中的祕密成為一個愛情詛咒；傳說音樂家蕭邦也因此而情路坎坷，畫家華鐸充滿矛盾，個性陰沉憂鬱，作品帶有隱藏的力量，適合發展出許多想像的空間。

INFO

秋麵包店Aki Boulangerie

⌂ 16 rue Sainte Anne, 75001 Paris
🕐 週一至週六7:30～20:30
📞 +33-1-40-15-63-38
🌐 akiboulanger.fr
🚇 Pyramides

安卓莉娜茶屋Angelina Tearoom

⌂ 226 rue de Rivoli, 75001 Paris
🕐 週一至週四7:30～19:00
　 週五7:30～19:30
　 週六至週日8:30～19:30
📞 +33-1-42-60-82-00
🌐 http://www.angelina-paris.fr/fr/
🚇 Louvre-Rivoli

英文書店Galignani

⌂ 224 rue de Rivoli, 75001 Paris
🕐 週一至週六10:00～19:00
📞 +33-1-42-60-76-07
🌐 galignani.fr
🚇 Louvre-Rivoli

英文書店WH Smith

⌂ 248 rue de Rivoli, 75001 Paris
🕐 週一至週六9:30～19:30
　 週日12:30～19:00
📞 +33-1-44-77-88-99
🌐 whsmith.fr
🚇 Louvre-Rivoli

里沃利Rivoli博物館商店

⌂ 107 rue de Rivoli, 75001 Paris
🕐 週二至週日11:00～18:30
📞 +33-1-42-60-64-94
🌐 madparis.fr
🚇 Palais Royal Mus'ee du Louvre

沿途小記
巴黎第一區繪影

■在巴黎街頭找張小椅子，就著畫板專心投入在眼前的畫作，也許下次我也會像這位年輕女生一樣，在里沃利街長廊擺攤畫畫，體驗人生。

■上圖：在巴黎的第一份下午茶「秋麵包店」，自選菠蘿麵包後到櫃檯結帳時，加點一杯「coffee allonge」延長咖啡，完勝獲得常喝的美式黑咖啡，聽說巴黎都是濃縮咖啡為主；不過回想起來直接說 Americano（美式咖啡）應該也可以的吧！

■右圖：皇家宮殿花園裡的現代化咖啡館，店的顏色配置得很沉穩、漂亮，金色和杏色將較為深系的底色，烘托出使人安心的質感。

■安娜裘莉音樂盒上的可愛
　胖小娃，手工打造的音樂
　盒，夢幻的繪本風，很可
　惜已經歇業。

■在街道上巧遇正要被收藏的古董旋轉
　木馬，在後續的旅程中第四區「巴黎
　市政廳」及第十八區「蒙馬特」山腳
　下，也都有出現法國電影中常見的旋
　轉木馬，象徵巴黎的華麗幸福愛情。

■羅浮宮入口拱門，長長的里沃利
　街兩旁是商店街，四處都有遊客，
　從拱門穿越，進入羅浮宮廣場，
　觀光巴士及公車站也在拱門裡的
　廣場上，玻璃金字塔前是取景留
　念的最佳位置。

有時候，我會貼著窗子，俯瞰巴黎的屋頂，想著「別煩了，你已經寫了，還會繼續寫下去的……」。

——海明威《史丹女士》

Chapter 2

經典永恆巴黎

著名古典拱廊街所在的第二區

巴黎二十個區中占地面積最小的第二區，擁有自西元一一三五年開始就已具備原型的美食大道蒙托爾街（Montorgueil），以及歷經戰火洗禮過後，仍然屹立不搖的的古典拱廊街群。此區可以品嘗到新鮮、無與倫比的各種食材，像是淡菜、烤雞、火腿、牡蠣等，尋訪著名的薇薇安拱廊街、全景廊拱廊街、大鹿拱廊街、施華瑟拱廊街，許多法國詩人正是在這個氛圍中吟詩作對，用無價的文學創造經典永恆的巴黎。

汲取寫作的養分

接受好友招待而身心舒暢的海明威

對海明威來說，飲酒就如同餐食的一部分，是有益
健康並使人愉悅舒暢的來源，不是矯揉造作、講究
排場，喝酒像吃飯一樣自然。第二區有一間超過百
年歷史，名為「哈利紐約酒吧」的小酒館，海明威
和好友費茲傑羅是這裡的常客，當時會來這個小酒
館的法國人多半是喜歡追求時尚的類型，他們在酒
吧裡遇見從美國來的幾位新銳作家，則表現得相當
友善……

「萬事起頭難」，剛開始學習寫作的海明威非常努力，原本是報社記者的他，雖具備專業的新聞書寫能力，但立志要成為一名作家，文字技巧上仍須一再磨練。海明威在巴黎回憶錄中，敘述了他要求自己「寫下簡單真實的句子」，不使用過於花俏雕琢的形容詞，因為那會像是在推薦或者介紹某種東西，海明威期勉自己把身邊所知道的事情全部寫成小說，進行嚴格而有益的寫作訓練。

在租來的頂樓小房子裡，每天不寫出一點東西就不會停手，停筆後直到第二天繼續寫作的這段時間

裡，就完全不去想正在寫的東西，而是用閱讀轉移心思、傾聽別人的談話、觀察周圍的事物。心思不在自己的作品上打轉，這是海明威寫作的紀律。

家境很富裕的美國作家葛楚‧史丹女士和海明威，兩人在巴黎居住的時候往來頻繁。即使兩人年紀相差二十五歲，擁有很多藝術收藏品、歲數較長又富有的史丹女士常給予海明威寫作上的建議，也告訴他一些關於同性之愛的知識，他心裡雖有些相反的看法，但當時年輕樂觀又善於隱藏心思的海明威，已經能夠將這些開闊眼界的經歷看作是寫作的養分。

「她們端出好吃的點心和茶，以及用紫李、黃李或野生覆盆子蒸餾出的甜酒待客，一喝便可嘗出水果味來，化成了一股火在你舌尖上徐徐燃燒。」史丹女士和同性伴侶居家生活的好品味，讓海明威夫婦在拜訪她們的同時，暖和了身子，鬆弛了身心。

品嘗巴黎之腹最令人著迷的美味

蒙托爾街（Rue Montorgueil）曾於西元一八七八年出現在名畫家莫內的一幅油畫作品中，名為《蒙托爾熱街──六月三十日的慶典》，當時巴黎正在舉辦世界博覽會，莫內以此為題創作了這幅作品，原作現今收藏在巴黎奧塞美術館內。

而作家埃米爾‧佐拉（Emile Zola）的小說《巴黎之腹》中主要場景「中央市場」就是蒙托爾街，從中世紀迄今都是這座城市最活躍的地方之一，這裡保留著許多昔日就有的食材店及料理用具店，街道連接著現代化的磊阿勒商場（Les Halles）是地鐵站及共構的大型購物中心，一古一今相互形成微妙的平衡感。

搭乘地鐵四號線到安蒂馬歇（Etienne Marcel）站時，已經是下午四點多，今日行程仍舊在不斷的走路中進行，因為太喜歡巴黎，而步行是能夠仔細體驗巴黎的最佳選擇。但第九天的雙腳似乎有些不

聽使喚，不如就把下一個目標設定在距離飯店不遠，又同在第二區的蒙托爾街吧！就讓美食來振奮我的靈魂。

在地鐵上胡亂想著，連日來所遇到的熟食店現烤的香噴噴香草烤雞，可以說是不計其數，偏偏都引不起購買的慾望，等一下到了據說是巴黎之腹的蒙托爾街，說不定可以買到最棒的！

出站後朝著安蒂馬歇街（Rue Etienne Marcel）前進，方向正確的話幾分鐘內就會看到蒙托爾街，踏上石板路可以輕易感受到歷史。我很快就忘了烤雞的事，隨著熱鬧的人群消失在十九世紀法國作家埃米爾‧佐拉小說裡的中央市場。

「總是感覺到飢餓」，海明威一九二〇年在巴黎寫作時常有這樣的心情，當年還年輕的他與第一任妻子帶著幼子到巴黎來，口袋裡沒有錢，總是靠一杯咖啡跟一支筆，勉強度過一整天。他說巴黎是「流

● 巴黎之腹蒙托爾街上「柯勒之家」麵包店的美味餡餅，本尊又香又好吃。

動的饗宴」，並被後世傳為名句，海明威當時聞到街頭巷尾飄散的香味，應該就像此時此刻流動在這街上的一樣使人著迷。

蒙托爾街兩旁的小街「提可通街」（Rue Tiquetonne）則有許多相當不錯的餐廳及咖啡館，還有一整排男生的服飾店，路上一家古老的理髮店還曾經是電視劇的場景。想像一下，坐在大皮椅上，理個長鬢角的復古髮型！

位於蒙托爾街五十一號有名的「Stohrer」蛋糕店，創立於一七三○年，是巴黎最古老的蛋糕店，創始人 Nicolas Stohrer，是隨十八世紀的皇后 Marie（國王路易十五）自波蘭遠嫁法國的御用甜點師。

店裡頭除了甜點外，也有販售鹹的熟食，如果只想吃一個甜點，推薦店裡的招牌「巴巴萊姆酒甜糕」（Baba au Rhum），不過吃完會有些微醺，適合對酒味特別喜愛的人；或者，來個外層是焦糖千層酥皮，有著香草軟餡搭配橙皮的「Puits d'Amour」也不賴。

最後在同條街六十二號的「La Boucherie Montorgueil」買到一直幻想中「最棒的烤雞」，搭地鐵回飯店的車上香氣四溢，一位女士好奇地盯著我手上的提袋，繞著我轉來轉去地，想看清楚我在哪一家店買的。雖然只有三站地鐵距離，我依舊擔心拿著這麼香的烤雞上車不知道有沒有違法，下次還是用走的吧！

回到飯店立即享用熱騰騰且新鮮的烤雞，入口鮮嫩多汁，慢火烘烤的香氣引人垂涎，跟家鄉的烤雞比起來，這獨門醃製再搭配歐式香草烤出來的風味，著實叫人吮指難忘啊。

距離我所入住的羅特列克飯店步行五分鐘即可抵達全景廊拱廊街（Passage des Panoramas），巴黎的拱廊街是現今百貨公司或是購物中心的前身，逛拱廊街不受天

● 左頁：全景廊拱廊街的冰淇淋店，可愛的招牌引人垂涎。

● 詩華瑟拱廊街入口，行人帶給這城市豐富的故事感，恰如其分的美好。

氣陰晴、氣候寒暑限制影響，每當走進一座又一座的光陰走廊，青春歲月就彷彿未曾流逝般地停留在十八、十九世紀。手工十字繡、二手書店、集郵鋪、古老的明信片店、古董店、攝影藝廊、畫廊等，也不乏有新的文創手作者在拱廊街裡一邊創作一邊販賣自己的創作品，這樣的模式似乎已成了各地創作者的主要工作型態。

全景廊拱廊街黑底金字的招牌普遍運用在商店間，相當有特色；其中也有著名的米其林餐廳，相較於其它廊街的價格也相對平實，追求色香味的您，絕不可錯過在此享用星級美食。

著名的巴黎鐵塔，多被製成各式各樣的紀念品在各個景點販售，若是來到全景廊拱廊街，您就有其它的選擇。創作者的純手工製作的巴黎鐵塔十字繡，繡布上婉約含蓄的氣質，值得入手。

另一個必逛的拱廊街景點是「薇薇安拱廊街」（Galerie Vivienne），薇薇安拱廊街古典優雅，大理石拼花地板及五盞式宮廷吊燈與玻璃光罩相映，呈現出富麗的氛圍。

位在此街上的「Jousseaume」古董書店店主與隔壁「Art Galerie Martine Moisan」畫廊的藝術家是好朋友，我到「Jousseaume」參觀的時候，是剛到巴黎的第一天。怯生生地跟店主說了句「Bonjour！」逛了兩圈才鼓起勇氣詢問可否在店內拍照，一臉仁慈的老闆爽快回覆沒問題，並且主動說如果需要，他可以跟我合照，正缺一名攝影師按快門時，藝術家朋友推門進來想找老闆聊天，順理成章幫我們拍照留念，只能說是運氣太好了。

「Jousseaume」是一家位於當地相當知名的老書店，店面外擺滿明信片架及二手書，而較為珍貴的精裝古董書則是收藏在店面內。「Galerie Martine Moisan」畫廊裡的畫展現的主題是「光」，版幅都相當大，用色十分大膽卻和諧。

不同於前兩條富麗的拱廊街，詩華瑟拱廊街（Passage Choiseul）是一條樸素得像篇散文的廊街，週間

If you are lucky enough to lived in Paris as a young man, then wherever you go for the rest of your life, it stays with you, for Paris is a moveable feast. Hemingway

Joyce 2013

● 哈利紐約酒吧入口大門的設計是帶點美國西部牛仔風情的木製彈簧門片，對法國人來說應該是一個「很美國」的酒吧。

午休時刻，周邊上班族會到這裡用餐聊天。「Boisnard」文具鋪就隱身在裡面，店裡有許多古典精緻的書寫紙及各式沿襲古法的傳統書寫工具、墨水瓶、封蠟等，擺設也很用心。還有一個室內旋轉小樓梯通到閣樓，店家十分友善大方，詢問後可以放心拍照，預算有限又想珍藏喜愛的文具回憶的話，一定要來「Boisnard」。

而美麗的大鹿拱廊街（Passage du Grand Cert）與前面三座相距較遠，坐落在蒙托爾街附近。原木質感且一致性的商店裝潢使得這裡更具文創風格，年輕新生代創作家選擇在大鹿拱廊街開店，充滿設計藝術的店鋪比鄰而居，常常以為都是同一家店而迷路，但是這裡是「大鹿」不是「麋（迷）鹿（路）」喔！

「哈利紐約酒吧」原名為「紐約吧」，直到哈利・麥歇爾買下酒吧，才改名為「Harry's New York Bar」。自一九一一年起，就已經在加尼葉歌劇院附近的現址開始營業，是當年來到巴黎的美國年輕人和派駐此地記者常常光顧的地方。

身兼記者、作家，又愛好打獵、拳擊的海明威喜歡在運動後到這裡喝酒，他狩獵和捕魚時的黑白生活照片，至今在酒吧裡仍可以看到。

海明威的一位作家好友費茲傑羅（Fitzgerald）就曾經在這裡對朋友說：「你知道嗎？喝酒是一種慢性死亡！」費茲傑羅的著名作品《大亨小傳》改編成的電影中，金碧輝煌的華麗別墅裡，每夜舉辦上流社會的舞會，背後卻隱藏悲傷空洞的愛情，這正是費茲傑羅作品的特色。

海明威看著好友費茲傑羅飲酒不加節制，對於費茲傑羅的太太澤爾達（Zelda）也有微詞，他認為她是為了摧毀費茲傑羅而生的，為了打擾先生寫作而想出把酒玩樂、紙醉金迷的點子，在《流動的饗宴》中寫道「兀鷹不與人分食」指的正是澤爾達。

結束一整天的遊巴黎行程後，選一個夜晚來這裡喝杯雞尾酒！在超過一百年的酒館「Harry's New York Bar」跟海明威來場跨越時空的靈魂對飲。

INFO

老店Stohrer

⌂ 51 rue Montorgueil, 75002 Paris

🕐 每天7:30～20:30

📞 +33-1-42-33-38-20

🌐 www.stohrer.fr

🚇 Etienne Marcel

肉類熟食店 La Boucherie Montorgueil

⌂ 62 rue Montorgueil, 75002 Paris

🕐 週二至週五8:00～13:00； 15:30～20:00

週六8:00～20:00

週日8:00～13:00

📞 +33-1-42-33-54-29

🚇 Etienne Marcel

餐廳Café du Centre

⌂ 57 rue Montorgueil, 75002 Paris

🕐 每天6:00～2:00（次日凌晨）

📞 +33-1-42-33-20-40

🌐 lecafeducentre.com

🚇 Etienne Marcel

理髮廳Payel Arnaud

⌂ 32 rue Tiquetonne, 75002 Paris

🕐 週一至週四9:00～19:00

週五9:00～18:30

📞 +33-1-42-36-99-49

🚇 Etienne Marcel

全景廊拱廊街 Passage des Panoramas

⌂ 10 rue Saint-Marc, 75002 Paris

🕐 每日6:00～午夜

🌐 https://en.parisinfo.com/paris-museum-monument/100264/Passage-des-Panoramas

🚇 Grands Boulevards

古董明信片Prins Patrick

⌂ 50 Passage des Panoramas, 75002 Paris

🕐 週一至週五10:00～18:00

週六10:00～17:00

📞 +33-1-42-33-49-95

🌐 cartespostalesdecollection.fr

古董郵票Marigny Philatelie

⌂ 9 Passage des Panoramas, 75002 Paris

🕐 週一至週六10:00～18:00

📞 +33-1-40-39-06-74

🌐 marigny-philatelie.com

薇薇安拱廊街
Galerie Vivienne

🏠 4 rue des Petits-Champs, 75002 Paris
🕐 週一至週六8:30～20:30
🌐 galerie-vivienne.com
🚇 Bourse

古董書店Jousseaume

🏠 45.46.47 Galerie Vivienne
🕐 週一至週六11:00～19:00
📞 +33-1-42-96-06-24
🌐 librairie-jousseaume.fr

畫廊
Art Galerie Martine Moisan

🏠 6 Galerie Vivienne
🕐 週一至週六中午～19:00
📞 +33-1-42-97-46-65
🌐 galerie-vivienne.com

詩華瑟拱廊街
Passage Choiseul

🏠 40 rue des Petits-Champs, 75002 Paris
🚇 Quatre-Septembre

文具鋪Boisnard Opera

🏠 82, Passage Choiseul
🕐 週一至週五9:30～18:30
　　週六10:30～18:30
📞 +33-1-42-96-94-30
🌐 boisnard.fr

大鹿拱廊街
Passage du Grand Cerf

🏠 145 rue Saint-Denis, 75002 Paris
🕐 週一至週六8:30～20:00
🚇 Etienne Marcel

黃包車古董店Rickshaw

🏠 7 Passage du Grand Cerf
🕐 週一至週六11:00～19:00
📞 +33-1-42-21-41-03
🌐 rickshaw.fr

哈利紐約酒吧
Harry's New York Bar

🏠 5 rue Daunou, 75002 Paris
🕐 週一至週六中午～2:00（次日凌晨）
　　週日16:00～1:00（次日凌晨）
📞 +33-1-42-61-71-14
🌐 harrysbar.fr
🚇 Opera

沿途小記

巴黎第二區繪影

■全景廊拱廊街裡兩旁黑底金字的招牌是其特色，我在細長挑高的拱廊街沈浸在巴黎氣氛中。

■巴黎第二區一八二八年
建造的杜波拉拱廊街入
口處的小餐酒館；杜波
拉拱廊街充滿歷史感，
較為陳舊。

■樸素到像散文的詩
華瑟拱廊街，廊街
內一間義大利麵包
店裡陳列著各式麵
包，因為是色香味
俱全，海明威當年
走在街上總會避開
這些讓他感到飢餓
的麵包櫥窗。

有這些人庇，這家咖啡館便成了很自庇的地方。

——海明威《福特與魔鬼的門徒》

自由風格巴黎

畢卡索博物館所在的第三區

巴黎第三區又稱為北瑪黑區，稍偏離觀光熱門景點的緣故，街道顯得較為安靜。區內的畢卡索博物館（Musée-Picasso）收藏了許多畢卡索的藝術作品，其建築主體為十七世紀的豪宅薩雷公館，每月的第一個星期日開放免費參觀。畢卡索的超現實主義為此區帶來自由的藝術風格，「謝謝」（Merci）設計概念店及「博通」（Bonton）設計概念店，兩間生活選物店則延續了相同路線，成為必訪的指標商店。

文豪背後的推手

將身邊周圍人都寫入故事的海明威

海明威在巴黎咖啡館裡寫作,總是可以遇到形形色色的朋友,他們對彼此感興趣,言談中互相鼓舞對方,感覺到安心。咖啡館冬天暖融融的,而春秋兩季坐在露天座位區更加寫意……

為了寫出動人的故事，海明威仔細觀察周圍的人，從不同的角度看事情是他的特長，會以敏銳的智慧把這個特長表現得淋漓盡致，具有巧妙猜出對手本領的特質。

根據海明威描述，戰爭過後的社交圈普遍呈現出對任何人都抱持著懷疑的態度，但是對於參戰過的人唯獨例外，因為打仗失去四肢的人、失去眼球和顏面受傷的人，都會獲得大家的敬重。海明威說他打量著這些人，想看出他們如何克服身體的不便，但詩人桑德拉爾則過於炫耀他的斷臂，浮誇的人相對有趣，海明威說：「他臉上盡是打拳擊留下來的傷痕，一隻空蕩蕩的袖管用別針向上別起，用另一隻好手捲菸捲。他沒喝醉的時候，和他相處很有意思，哪怕他撒謊都比許多人認真說故事要有趣得多。」

五十八歲的海明威，寫下年輕的自己在巴黎學習寫作的故事，自序中提到這本書可以當作小說來讀，或許更可以看出其中的事實。

讀這本回憶錄，可以看出一位成功在世界文壇闖出名號的作家，用努力揣摩反覆訓練得來的敘事能力，以一種提攜鼓勵讀者的心情，分享自己如何成為一名作家的細節。我想，這些被海明威寫進書裡或者沒有寫進書裡的朋友們，都是幫助一代文豪誕生的重要角色。

沉浸在電影場景給的幻覺裡

到了第三區後，搭乘地鐵八號線前往聖塞巴斯蒂安站（Saint-Sébastien-Froissart）出口的博馬舍大道（Bd-Beaumarchais），找到一一一號，可以看到「Merci」設計師商品專賣店左右兩側以黑色為基調的咖啡館，從中間的拱廊穿越，一輛紅色迷你奧斯汀停在庭院裡；步上小階梯進到店裡，像小型博物館般地挑高寬敞的空間頓時映入眼簾。

電影《臥虎藏龍》設計團隊曾獲邀到此展出，古早時代阿嬤家的黃銅色小茶壺和便當盒、辦桌用的塑膠椅凳與傳統農村的廚房用具，都成為經典的台灣味設計，身為台灣人感到十分驕傲。

在「Merci」店裡面可以看到世界各國的設計商品，充滿創意精神的空間設計占地廣闊，好幾個交錯層疊的樓層可以逛個過癮。家具區的配置可以作為新家的空間實品參考，所有的東西都為你設想周到，

甚至包辦了窗邊的風景，可以在喜歡的位置坐下來，想像夢想中溫暖的家。

在這裡不僅有逛設計的趣味，同時也還可以在不同的區域吃點東西、喝杯咖啡跟朋友聊一下近況，像是地下室或庭院旁的書櫃區，還是臨近道路的室內區或者戶外區。

我和旅居法國里昂的朋友伊洛蒂（Elodie）約好了要見面，這次是由我來決定見面的地點。為了今天的約定，我在兩天前已經先來過第三區的「Merci」店址附近場勘，伊洛蒂剛剛才和她的另一位巴黎朋友碰過面，她們都不知道巴黎的這個地方，我感到很榮幸。坐在「Merci」位於博馬舍大道上的露天座位點了冰紅茶跟咖啡，兩人面對大道上的人來人往，看著這景色一點一滴的變化。

伊洛蒂告訴我這天雖然是星期四，但恰巧是法國的國定假日，因為連續假日中間夾著週五，對於交

● 佈置得像是一般生活空間的一家生活選物店，可以逛上兩三個小時。

通條件符合規定的法國人，可以有額外優待的「過橋假」。這時我才恍然明白，為何今天街上見到兩個不同區段的臨時市集，氣氛優閒的程度也不尋常，原來這幾天是法國人放大假的好日子，這也是為什麼伊洛蒂能百忙中遠從里昂搭高鐵到巴黎來找我敘敘舊。

與伊洛蒂在台灣碰面的時候，是在我舉辦個展的夏天，我們當時還不確定能夠在巴黎見面，如今真實地並肩坐在和台灣相距一萬公里的巴黎街頭，聊著女人間的心事，我們天南地北暢言，從台灣的家人朋友一直聊到她的台法混血寶貝女兒明天的芭蕾舞公演。回憶中，這時候的巴黎成了我們的佈景，我們倆是主角。

直到接近晚餐時刻，我們兩人一起搭乘臨近的八號線地鐵去僅有五站之距的「格蘭德大道站」（Grand-Boulevard）上的慈善餐廳「夏提爾」（Bouillon-Chartier）用餐。

我選擇的「Merci」設計師商品專賣店在第三區，伊洛蒂選的餐廳「夏提爾」位在第九區；而我下榻的飯店「羅特列克飯店」（Hotel-Lautrec）則在第二區。事先並沒有說好，三個地點也都分別位在不同的區，最後我們卻能夠巧妙地把行程順暢地一氣呵成，從「夏提爾」餐廳散步到「羅特列克飯店」甚至只需要短短的幾分鐘。我曾經問過伊洛蒂，覺不覺得自己當初決定留在法國是因為前世的緣分未盡，她沒有思索直接肯定我的猜測，當時沒有告訴她，前生我應該也是個巴黎人，又或許只是被電影《花神咖啡館》沖昏頭了，一切都是幻覺。

在舊時是一家「Cordonnerie」（中譯：修鞋鋪），外觀保留著前身漂亮的藍色模樣，如今則變身為可以喝到好咖啡的「靴子咖啡」（Boot-Café），是由家具設計師斐爾（Phil-Euell）和時裝界的友人艾爾莎（Elsa-Dahan）合資開設，他們因此可以在這個溫馨的地方開心聚會。

● 在靴子咖啡館前走過的男士，相互襯托斯文氣息。

小小的咖啡館只有四坪左右，我到這裡時很幸運地得到店裡僅有的三、四個座位的其中之一，瑞秋（Rachel）在櫃台，是位可愛的咖啡師，我向她詢問是否有點心能配咖啡，她說有餅乾，於是我安心地坐下來安靜享受北瑪黑的午後。

　　環顧一下，店內牆壁是潔白的瓷磚，簡單貼了一些好看的照片，木架子上擺了手拉胚的陶瓷杯子，是低調的混濁色，但上了光後顯得時尚；音樂很小聲幾乎沒有聲音，只有短暫磨咖啡豆的聲音。

　　然後不知道在什麼時候，店裡來了一個帥帥的男生，也問了瑞秋他能不能點些什麼可以配咖啡的，講的是法語，只是我剛好能夠聽懂，之後我跟他及瑞秋，三個人對著外面不寬不窄的巷子「捲心菜橋街」（Rue-du-Pont-aux-Choux）坐了一個下午，沒有人開口交談。

　　他們應該不知道，台灣有一首《三個人的晚餐》，歌詞是這樣寫的，「越過落地玻璃窗，我努力把眼光放向遠方；沉默怎麼能說明一切，等待怎麼能沒有終點，繼續或結束該由誰宣布？」（O.S. 旁白：你要我說什麼）我的思緒是這樣的，不過這四坪大的空間裡，其它兩人不知道在想著什麼呢？

　　巴黎就是很有戲劇感的一座城市，讓人不禁天馬行空地在腦內上演各種小劇場。當年海明威在聖米歇爾廣場（Saint-Michel）上一家素淨的咖啡館裡寫作，他看到一個美麗女孩走進咖啡館，獨自在臨窗的桌邊坐下，故事就在他腦海裡自動鋪展開來，海明威寫著，「我看見妳了，美人兒，不管妳在等誰，也不管我以後能否再見到妳，我心裡想。現在妳是屬於我的，整個巴黎也都屬於我，而我屬於這本筆記本和這支鉛筆。」

INFO

🏷 謝謝設計概念店Merci

　🏠 111 Bd Beaumarchais, 75003 Paris
　🕐 週一至週六10:00～19:30
　📞 +33-1-42-77-00-33
　🌐 merci-merci.com
　🚇 Saint-Sébastien-Froissart

🏷 靴子咖啡Boot Café

　🏠 19 rue du pont aux choux ,
　　 75003 Paris
　🕐 每日10:00～17:00
　📞 +33-1-73-70-14-57
　🚇 Saint-Sébastien-Froissart

🏷 國家檔案館Musée des
Archives Nationales（及附近
街道）

　🏠 60 rue des Francs Bourgeois,
　　 75003 Paris
　🕐 週一、週三至週五10:00～17:30
　　 週六至週日14:00～17:30
　📞 +33-1-40-27-60-96
　🌐 culture.gouv.fr
　🚇 Rambuteau

🏷 畢卡索博物館Musée Picasso

　🏠 5 rue de Thorigny, 75003 Paris
　🕐 週二至週日9:30～18:00
　📞 +33-1-85-56-00-36
　🌐 museepicassoparis.fr
　🚇 Saint-Sébastien-Froissart

🏷 聖丹尼斯天主教堂Saint Denys
Du Saint Sacrement

　🏠 68 rue de Turenne, 75003 Paris
　🕐 週二、週五7:30～12:50
　　 14:00～19:00
　　 週三7:30～中午；14:00～18:00
　　 週四7:30～中午；14:00～19:00
　　 週六7:30～中午
　　 週日8:45～中午
　📞 +33-1-44-54-35-88
　🌐 www.
　　 saintdenysdusaintsacrement.com
　🚇 Saint-Sébastien-Froissart

🏷 博通設計概念店Bonton

　🏠 5 Bd des Filles du Calvaire,
　　 75003 Paris
　🕐 週一至週六10:00～19:00
　📞 +33-1-42-72-34-69
　🌐 bonton.fr
　🚇 Saint-Sébastien-Froissart

🏷 明天家飾／時尚à demain

　🏠 97 rue de Turenne, 75003 Paris
　🕐 週日至週五中午～20:00
　　 週六11:00～20:00
　📞 +33-6-12-46-56-05
　🚇 Saint-Sébastien-Froissart

塞納河有自己的風情，我不會覺得寂寞。

——海明威《塞納河的春天》

獨特前衛巴黎

代表時尚與藝術的巴黎右岸第四區

通稱「瑪黑區」（Marais）的第四區，是巴黎右岸代表時尚、藝術的主要區域，著名景點有浪漫的《市政廳前的吻》（Le baiser de l'hôtel de ville）照片拍攝地「巴黎市政廳」（Hôtel de Ville）和建築外觀獨特的現代藝術「龐畢度中心」（The Centre Pompidou）。時尚前衛的瑪黑區，以新潮的精品店、藝廊、同志酒吧著稱，曾經是巴黎的猶太區，因此有為數不少的猶太餐廳。除外，值得一提的聖保羅藝術村（Village Saint-Paul）是小而寧靜的畫家村，周圍有幾間特色古董店。

文學家的生意頭腦

期盼作家生涯春天來臨的海明威

本區包含位於塞納河中間的西堤島（Cite）及聖路易島（Saint Louis en L'ile），雨果的名著《鐘樓怪人》書中的場景巴黎聖母院（Notre-Dame）是西堤島上的熱門景點。海明威在寫作告一段落的時候會走到塞納河畔散步沉思，買一升酒、一塊麵包、幾條香腸，帶一本新買的書，坐在陽光下看著島上的釣客熟練地垂釣……

　　即使是帶有微妙的文人性格，海明威仍然會對金錢及物質表現關心，他是精明且具有出色的商業細胞的。塞納河邊的小書報攤老闆以低價收購遊客遺留在遊船上或旅館裡忘了帶走的各類書籍，其中偶爾還會有新出版的英文書，海明威用少少的幾個法郎就能買到手，他分析老闆的經營策略，因為入手價格低，所以只要有一點薄利，馬上就賣掉。

　　他問一位跟他很熟的女攤販，「那些書的主人自己有沒有來賣過書？」

　　她答道：「沒有，那些書是他們自己扔掉的，所以我們知道不值錢。」

　　海明威了解書的價值，因此發表自己不同的見解：「那是朋友送他們在船上看的。」

　　「沒錯」她說，「他們在船上也一定留下許多書。」

　　「的確如此」海明威說，「船公司把書留下來，裝訂好，就成了船上圖書館的藏書。」

　　攤販如此回答：「真是聰明的作法，起碼把書裝訂得好一些，書就值錢了。」

　　法文書插圖的好或壞、裝訂決定書的價值，這是海明威從第一線書商口中「市調」得來的消息。塞納河畔風情、河邊認真垂釣的人與冬季的感傷，海明威字裡行間透露出期盼作家生涯的春天來臨，如同塞納河的春天總會來的一般，但有時，一陣寒冷的大雨又會把春天趕回去，人生就少了這一春，一想到春天幾遭不測，又不禁令人心驚。

探索巴黎右岸的前衛與獨特

法國的古董雜貨很迷人，在巴黎也有好幾個古董市集可以尋寶，但通常市集營業時間在週末假日，如果到巴黎停留的時間不多又沒有跨及假日，可以搭地鐵一號線到聖保羅站（Saint-Paul）後，走李沃里街（Rue de Rivoli）到達聖保羅街（Rue Saint-Paul）右轉直走，就可以看到一整排的商店街；穿越從這條街上的拱門就可以進到聖保羅村（Village Saint-Paul）裡。聖保羅村及周邊的聖保羅街不只有許多古董雜貨店，還有藝術創作者在這裡設置工作室，因此又稱為「藝術村」；古董、仿古蕾絲、餐館及藝廊，像是很多人喜歡的「小幸福文具雜貨」（Au Petit Bonheur la Chance）就位在此街十三號上。

走進藝術村內，陽光散落在水泥色的庭院，到處靜靜地，有幾個人坐著在餐館戶外用餐，杯盤刀叉偶爾碰撞發出清脆的聲音。推開一間畫室的大門，裡面的女藝術家正

在整理作品，並且遞給我一張邀請卡，告訴我這是一位畫家秋子小姐（Akico）近期在第一區舉辦的展覽。大概因為我也是東方人，她看著我強調畫家朋友是日本人，這樣的短暫交談內容使我簡單地開心了起來。

就位在聖保羅街另一側的「喬登聖保羅街」（Rue des Jardins Saint-Paul）路邊彩色的小柱子提醒著你這裡有多與眾不同，CRU餐館掛著的法文菜單用優雅漂亮的字體書寫，而查理曼大街（Rue Charlemagne）上，「淑女餐館」（Chez Mademoiselle）前面停的灰色古董車不是偶然見到的奇景，它是店裡的復古裝置藝術。繞過聖保羅藝術村，處處看到驚喜。

就在剛逛完的聖保羅村旁邊，一座十九世紀的建築，巨大的城堡真真實實地出現在眼前，那是「福尼圖書館」（Forney Library）。福尼圖書館擁有本區應該有的安靜

優勢，它是一座藝術專門圖書館，內部附設的藝廊常舉辦手作品展覽，可以放心地走進城堡大門參觀。

而乘地鐵一號線，在聖保羅站下車，除了可以先到聖保羅藝術村參觀古董商店及藝術家作品，若再走過塞納河上的瑪麗橋，還可到聖路易島上逛逛，島上有許多安靜放鬆的餐廳、小店，是個緩步調的觀光特別區。但要從巴黎別處直接到聖路易島玩，在四號線「瑪麗橋」（Pont Marie）站下車會是最快的方式，出站後記得過馬路，再走過瑪麗橋。

島上的聖路易橋（Pont St-Louis）旁邊有間「聖路易啤酒館」（La Brasserie de l'Île St-Louis），酒館的玻璃窗口上畫著漂亮的彩繪圖案，坐下來喝一杯，隔著塞納河遙望就在對岸的西堤島聖母院，天氣晴朗且涼爽，不同於其他熱門觀光地段的喧鬧，這小島相當宜人。來聖路易島前可先安排島上的散步路線，主要的散步路線是橫瓦小島的聖路易街（Rue St Louis en ille），再加上垂直的貝來牛仔街（Rue Jean du Bellay）和雙橋街（Rue des Deux

● 聖保羅村裡的古董商店櫥窗。

Ponts），島上有很多色彩繽紛可愛的雜貨小店、紀念品店及餐館、生活用品和食品店，適合待上一個下午。

位在地鐵一號線「聖保羅站」外的玫瑰街（Rue des Rosiers）與一旁的法國米隆街（Rue François Miron），和附近的路易橋街（Rue du Pont Louis Philippe），都是想逛街時的好選擇，這幾條街不乏團體歐美觀光客光顧，亞洲人如我在附近「游」走，十分自在。說「游」可不是俏皮話，而是因為這天不斷在下著雨。海明威說：「這小城的悲哀，突然和冬天的第一陣寒雨一起降臨。」我一個人在美麗的猶太區，感受到巴黎的憂鬱降臨。

玫瑰街的商店，暖洋洋的黃色燈光從方型的門窗透出來，映在古老的彩色石板路上，著名的猶太區

● 聖路易島上的咖啡館。

美食「口袋餅」的香味飄散在空氣中，「口袋餅」的製作方法是將鷹嘴豆泥油炸成可樂餅，再把生菜、炸茄子等一起包入具有嚼勁的餅皮裡，搭配一杯冰沁的以色列啤酒，這條街上做的特別道地好吃，天氣好的時候可以外帶到附近公園吃。

　　隨手拍張街邊巷弄間有趣的景色，狹窄得僅能單向行車的小徑，石造拱門以及由屋頂煙囪排列出來

的天際線弧度，都意外成為這一區使人懷念的回憶。一八五一年就在現址營業的古老麵包、熟食店「沙加」（Sacha Finkelsztajn）鵝黃色的店面及店門口的黑白照片則是第二懷念的。若是意猶未盡，順帶連臨近的維度寺街（Rue Vieille du Temple）也都有一些不錯的店鋪可以逛逛。

　　因為時差的緣故，在巴黎起床

● 聖路易啤酒館露天座位區相當有優閒氣氛，服務人員還會貼心幫忙遊客拍照留念。

得早，七點用完飯店早餐，先搭地鐵到早晨市集或公園廣場報到，幾乎是固定行程，今天氣候陰沉，所以直接到了瑪黑區的龐畢度中心及市政廳廣場，再到法國米隆街來看看街上兩棟保存完整的中世紀都鐸古建築，還有同條街上巴黎十三世紀古蹟原址——巴黎歷史（Paris Historique）。

在巴黎這樣一個具有歷史風華的大都市，即使在街道上見到三百年以上歷史的建築物也習以為常，但是像這兩處則大約是七百年前的建築物古蹟，經過戰亂「巴黎歷史」的十三世紀地上建築物已經不復存在，但是地下室的古蹟卻保存原始風貌；博物館年輕的工作人員用英文詢問我想不想隨他進入地下室參

● 猶太區美食「口袋餅」店。

觀，並特別告知我是免費的，我們小心翼翼走下古石板階梯，美麗的舊時建築廊柱透過燈光雕塑，更加使人屏息。原以為是十七世紀的古蹟，但工作人員說是十三世紀的，我用景仰的方式巡禮，甚至忘了詢問可否拍照，幸運的是在博物館簡介中有些照片可供留念。一樓的展示廳有販賣一些關於巴黎歷史古蹟的書籍，我便選擇了一本自己非常喜愛的《Paris-Un voyage dans le temps》。結帳時，櫃台較年長的女士因為不會說英語，她用法語向我致歉，意思大概是說她英語學得不好所以都忘光了，我笑著回她：「Oui！Oui！」（是！是！）。

從法國米隆街開始的，一直延伸到路易菲利橋街（Rue du Pont Louis Philippe），途中有相當多有趣的店鋪，值得花點時間逗留。

● 巴黎傳統西服店，招牌和店鋪建築風格都好像黑白電影時代的場景。

INFO

淑女餐館
Chez Mademoiselle

⌂ 16 rue Charlemagne, 75004
Paris
🕐 每日11:00～2:00（次日凌晨）
📞 +33-1-42-72-14-16
🌐 chezmademoiselleparis.fr
🚇 Saint-Paul

小幸福文具雜貨Au Petit Bonheur la Chance

⌂ 13 rue Saint- Paul, 75004 Paris
🕐 週一至週六11:00～13:00；
14:00～18:30
📞 +33-1-42-74-36-38
🌐 aupetitbonheurlachance.fr
🚇 Saint-Paul

福尼圖書館Forney Library

⌂ 1 rue du Figuier, 75004 Paris
🕐 週二至週六13:00～19:30
📞 +33-1-42-78-14-60
🌐 https://en.parisinfo.com/
paris-museum-
monument/71820/
Bibliotheque-Forney
🚇 Pont Marie

聖路易啤酒館La Brasserie de l'Île St-Louis

⌂ 55 quai de Bourbon, 75004
Paris
🕐 每日中午～22:30
📞 +33-1-43-54-02-59
🌐 labrasserie-is.fr
🚇 Pont Marie

掛架雜貨Pylones (巴黎另有多家分店)

⌂ 57 rue St Louis en l'Île, 75004
Paris
🕐 每日11:00～19:00
📞 +33-1-46-34-05-02
🌐 pylones.com
🚇 Pont Marie

橄欖有機食／用品Olivers & Co. (巴黎另有多家分店)

⌂ 81 rue Saint Louis en l'Île,
75004 Paris
🕐 週一12:45～13:30；14:30～
19:00
週二至週日11:30～13:30；
14:30～19:00
📞 +33-1-40-46-89-37
🌐 oliviers-co.com
🚇 Pont Marie

南法普羅旺斯產品 Premiere Pression Provence (巴黎另有多家分店)

⌂ 51 rue Saint Louis en l'Île, 75004 Paris
🕐 不定時，請於官網查詢
📞 +33-1-43-26-19-70
🌐 ecomusee-olivier.com
🚇 Pont Marie

貝蒂永冰淇淋Berthillon

⌂ 29-31 rue Saint Louis en l'Île, 75004 Paris
🕐 不定時，請於官網查詢
📞 +33-1-43-54-31-61
🌐 berthillon.fr
🚇 Pont Marie

拉斐鵝肝醬「Lafitte」Le Foie Gras des Landes

⌂ 8 rue Jean du Bellay, 75004 Paris
🕐 週二至週六10:00～14:00；15:00～19:00
📞 +33-1-43-26-08-63
🌐 lafitte.fr
🚇 Pont Marie

沙加一八五一年麵包店 Sacha Finkelsztajn

⌂ 27 rue des Rosiers, 75004 Paris
🕐 週三至週四10:00～19:00
　週五至週日10:00～19:30
📞 +33-9-67-13-78-91
🚇 Saint-Paul

切哈達藝廊Chir Hadach

⌂ 52 rue des Rosiers, 75004 Paris
🕐 週日至週四9:30～19:30
　週五9:30～14:00
📞 +33-1-42-72-38-00
🌐 librairiedutemple.fr
🚇 Saint-Paul

沙篷香氛店Sabon (巴黎另有多家分店)

⌂ 32 rue des Rosiers, 75004 Paris
🕐 每日10:30～20:00
📞 +33-1-44-61-45-96
🌐 sabon.fr
🚇 Saint-Paul

INFO

INFO 巴黎歷史Paris Historique 巴黎十三世紀古蹟原址

- ⌂ 44-46, rue François Miron, 75004 Paris
- ◷ 週一至週五11:00～18:00
  週六11:00～19:00
  週日14:00～19:00
- ✆ +33-1-48-87-74-31
- 🌐 paris-historique.org
- 🚇 Saint-Paul

INFO 小潘織品材料及布品 Petit Pan

- ⌂ 37, 39, 76 rue François Miron, 75004 Paris
- ◷ 週日至週一10:30～14:00；
  15:30～19:30
  週二至週六10:30～19:30
- ✆ +33-1-44-54-90-84
- 🌐 petitpan.com
- 🚇 Saint-Paul

INFO 世界各國雜貨食品店Izrael

- ⌂ 30 rue François Miron, 75004 Paris
- ◷ 週二至週六11:00～13:00；
  14:00～19:00
- ✆ +33-1-42-72-66-23
- 🚇 Saint-Paul

INFO 圖形旋律古文具舖 Melodies Graphiques

- ⌂ 10 rue du Pont Louis Philippe, 75004 Paris
- ◷ 週日至週一14:00～18:00
  週二至週六11:00～19:00
- ✆ +33-1-42-74-57-68
- 🚇 Pont Marie

INFO 藝術品及裱框 D'encadrer L'Art

- ⌂ 8 rue du Pont Louis Philippe, 75004 Paris
- ◷ 週二、週三、週五中午～19:00
  週六11:00～18:30
- ✆ +33-1-42-74-06-05
- 🌐 artdencadrer.com
- 🚇 Pont Marie

INFO 咖啡館 La Caféothèque café

- ⌂ 52 rue de l'Hôtel de Ville, 75004 Paris
- ◷ 每日9:00～20:00
- ✆ +33-1-53-01-83-84
- 🌐 lacafeotheque.com
- 🚇 Pont Marie

🔲 小雜貨手作材料及教室 La Petit Épicerie

🏠 74 rue de la Verrerie, 75004 Paris
🕐 週日至週一13:30～19:30
週二至週六11:00～20:00
📞 +33-1-73-75-65-18
🌐 la-petite-epicerie.fr
🚇 Hôtel de Ville

🔲 市政廳Hôtel de Ville

🏠 Place de l'Hôtel de Ville, 75004 Paris
🕐 週一至週五8:00～19:30
📞 +33-1-42-76-40-40
🌐 paris.fr
🚇 Hôtel de Ville

🔲 龐畢度中心 The Centre Pompidou

🏠 Place Georges-Pompidou, 75004 Paris
🕐 週三11:00～21:00
週四11:00～23:00
週五至週一11:00～21:00
📞 +33-1-44-78-12-33
🌐 centrepompidou.fr
🚇 Rambuteau

🔲 孚日廣場Place des Vosges

🏠 Place des Vosges, 75004 Paris
🌐 https://en.parisinfo.com/transport/73189/Place-des-Vosges
🚇 Saint-Paul

沿途小記

巴黎第四區繪影

■聖保羅街上的甜美女孩風櫥窗，為了街上適逢休店日的可愛小店，我來到聖保羅村兩次，第二次到訪就為了等到店家開店營業，足見個人對這附近街巷的熱愛程度。

■小潘織品材料販售的布扣。

■切哈達藝廊，門右邊牆上有個趣味的小塗鴉。

■市政廳，法國攝影師 Robert Doisneau 畢生最著名的作品——《市政廳前的吻》拍攝地。

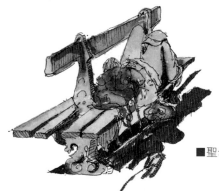

■聖母院廣場的背包客。

■市政廳後方大教堂附近的石板階梯廣
場,藍色外觀的「L'Ebouillanté」咖
啡館是藝術家聚集地,可以喝杯咖啡
賞畫,廣場就在塞納河旁。

■ azag 雜貨販售的發條鐵皮小飛機。

■聖母院的蠟燭。

■八人大樂隊。

■市政廳附近的 Franprix 超市。

■聖母院附近的街道。

也許離開巴黎之後，我可以寫巴黎⋯⋯不過也許言之過早了，我對巴黎還很陌生。

——海明威《咖啡店寫作》

Chapter5

左岸史詩巴黎

學識之地且書香四溢的左岸第五區

學術氣息濃厚的巴黎左岸，其中包含第五區著
名的索邦大學學區，書店及出版社林立，成為
巴黎的知識中心，莎士比亞書店（Shakespeare
& Company）是最傳奇的一間書店。法國大革
命時期許多革命組織在這裡集會，曾經引發激
烈的衝突；近五十年前，同樣發生過極左派學
生與警方對峙的公民意識事件，知識使人類向
前邁進，犧牲生命的人被寫進史詩之中不曾離
去。第五區又稱為拉丁區，源自早年拉丁語被
學識豐富人士廣泛使用之故。

故事背後的故事

將生活化為文字的海明威

海明威來到巴黎的第一個居所,就位在第五區的穆府塔街(Rue Mouffetard)附近,他在書中形容這是一條狹窄擁擠、氣氛陰鬱的市集街,當時街上的「艾美特咖啡館」成天聚集了酩酊大醉的酒客,讓他避而遠之。居家環境雖不滿意,但家裡面溫暖而歡愉,從屋裡俯視周圍一帶高地上所有的屋頂和煙囪也是愉快的事……

彷彿帶著現代導航器回到巴黎居處的海明威，細述從家裡走到常去的咖啡館的每一條街道，那是一家宜人的咖啡館，溫馨、乾淨、充滿人情味，叫了一杯咖啡牛奶，開始寫作。他回憶那時在寫的是一篇關於密西根（Michigan）的短篇小說，文中文、戲中戲，按照他自己決定的寫作訓練方式就是把實際周遭的情境、人物編寫到小說裡，例如氣候寒風肆虐冷颼颼的，小說裡的角色正在喝酒，海明威也不禁感覺口渴叫了一杯蘭姆酒，喝了酒全身暖和，感覺不錯也振奮了精神。

咖啡館裡走進來的美人兒，白皙的皮膚配上黝黑的頭髮，當然也要寫進小說裡，此時故事好像自動鋪展開來，筆的速度幾乎跟不上思緒，寫作的靈感有如滔滔江水源源不絕，從這裡已經看出海明威對於文字創作的熱情跟能力，寫小說正是他最想做的事，寫得順的時候充滿霸氣，可以擁有眼前一切，甚至於眼所見以外的一切，然而停筆的時候，現實的問題就經常干擾窮困

的他。

小說終於寫完，把小說闔進筆記本裡，向服務生點了一打葡萄牙生蠔和白酒，他覺得自己好像被掏空了，既愉悅又憂傷，所以必須吃點好吃的食物且搭配好酒，然後又可以打起精神做下一步的計畫。海明威決定要跟妻子海德莉提出一起前往瑞士度假旅行，以避開巴黎凜冽寒冬，他說在巴黎能寫出密西根，在瑞士也許就能寫出巴黎，這是一場實驗性的旅行。

感受巴黎左岸的書香氣息

　　到巴黎的第二天清晨，起得非常早，早到甚至連飯店早餐都還沒開始提供，我在房間裡一邊看旅行的資料，一邊不專心地看當地的電視，直到可以去餐廳用餐。

　　早餐在地下室，原石建材、低天花板，有咖啡和法國棍子的香味，目前為止我對羅特列克飯店（Hotel Lautrec）滿意度極高，一方面因為此處是畫家羅特列克（Lautrec）的故居，其次是符合法國的「Petit」（小）、電梯、房間、廊道……雖然小卻很有質感，當然，是因為羅特列克身材也是小小的（註：羅特列克為侏儒症）。

　　左岸地鐵十號線「莫貝爾-米權利站」（Maubert-Mutualite），距離塞納河步行只需要幾分鐘時間，車站就位於聖日爾曼大道（Bd Saint-Germain）上。一出站，就可以看到在車站小廣場的早晨市集，蔬果、海鮮、甜點、鵝肝醬、熟食、生活用品等，除了攤位旁邊也有店鋪及地鐵咖啡館，我買了一盒鮮紅欲滴的草莓，補充每日維他命 C，賣鵝肝醬的女士看起來有點悶，但是見到我很有禮貌地請我試吃，她的獨立攤位小小的很可愛。

　　在巴黎有很多早晨市集，但是要特別留意營業時間，以免撲空，建議可以下載 APP 軟體「巴黎實踐 Paris Pratique」，裡面有市集及博物館資訊，十分實用。巴黎的地鐵、地圖資訊則可下載「巴黎地

● 打開罐頭就打開在巴黎逛市集的回憶。

鐵 Paris Metro」，即使在網路離線的情況下還是可以辨認所在位置及使用地圖。

　　逛完市集之後，越過聖日爾曼大道往塞納河方向前進，走捷徑小路──英國街（Rue des Anglais）接嘉隆街（Rue Galande），彎彎的嘉隆街很適合拍照，是一條很有風情的小巷弄。

　　這附近的左岸第五區，在古代的巴黎曾經是黑白照片中的老舊模樣，所以即便現在已經成為到處是觀光客的地方，它的美麗中還是帶有未曾離開的前世記憶。

　　在法文書籍《時間旅行》（Un voyage dans le temps）中紀錄下

● 從麵包店旁邊走進去便是嘉隆街。

來的前世與現實中的今生，巴黎互古的故事流轉在其中。

巴黎左岸的第五區就是有名的「莎士比亞書店」（Shakespeare & Company）所在地，店內外的觀光客很多，為了要拍到完整的畫面需要花一點耐心，我坐在書店前面的小花圃等待著，同時感受在人來人往中，真正屬於書店的味道。二〇〇四年電影《愛在日落巴黎時》（Before Sunset）女主角席琳在書店角落等待，九年前在維也納邂逅的美國青年傑西，已經成為作家並在巴黎的莎士比亞書店舉辦新書記者會，他們延續九年前的故事從書店開始，一路在巴黎穿梭、對話。

走進裡面，發現跟外面一樣地熱鬧，書店分為新舊書區，爬小樓梯上二樓，有一些座位可以看書，燈光映照在空間裡顯得戲劇化，二樓窗邊的書桌擺著插上大百合花的花瓶，坐在我對面的一對情侶盯著地上的貓出神，我手上翻閱著書，心思卻因這些景象而飄散。

從嘉隆街前往莎士比亞書店中途的聖朱利安窮人街（Rue Saint-Julien-le-Pauvre）路上，有一家自一九二八年就開設的古老茶館——「茶葉罐」（The Tea Caddy），從戶外座位區可以看到前方西堤島上的聖母院及塞納河的河邊老書街，旁邊的聖朱利安窮人教堂（Eglise Saint Jlien Le Pauvre）和聖母院公園綠意也為此處加分，歇歇腳喝點英國茶是不錯的選擇。

位於同條街上的「頂上鋪」（Le Haut du Pavé）是一家販賣紀念品

● 莎士比亞書店。

● 左圖：茶葉罐茶館旁邊的小店立牌。　右圖：聖朱利安窮人教堂

的店鋪，小小的店裡擺滿商品，很有趣的老板蓄著小鬍子，他說店裡不需要印名片，因為轉彎處就是莎士比亞書店，那裡就是個大型標的物，在店裡看到「老板說的」來自南法普羅旺斯的織品，就決定把繡著馬卡龍和杯子蛋糕的抱枕套和小蓋被扛回飯店，過程有些匆忙，但回飯店看到「法國製」（Made in France）的標籤，覺得真幸運，還好，有趣的老板人也很實在。

離開紀念品店後再往前走，就會看見塞納河邊的室外書商（Les Bouquinistes）排列道路旁的綠色大書箱，它是沿著塞納河兩岸的多次法國文藝革命象徵，十六世紀的宗教戰爭，當年的異教徒悄悄將相關的書籍放置在書攤裡流傳。經歷法國大革命，刊物、文獻流散各地或被燒毀，因為這些舊書攤，有些書籍才被保留下來。二次世界大戰，被異軍統治的巴黎人心靈愁苦，透過到書攤來閱讀使他們的心靈得到慰藉。一九三〇年之後，舊書攤開始統一使用綠色木箱；如今巴黎的綠書箱，店家必須有四分之三的攤

位比例來販賣二手古董書畫，至於旅遊紀念品僅能擺放少數，以便保留這份塞納河畔傳統的文采。

先搭乘地鐵十號線，到與莫貝爾——米權利站僅有一站之隔的克呂尼索邦（Cluny La Sorbonne）站，出了車站後走上克呂尼街（Rue de Cluny），右邊的中世紀博物館藏在大片綠蔭之中，建築物十分壯觀，內部有廣大的中世紀古城堡庭園，在現代化大樓之間特別顯得突出，如果手上有博物館通行證可以進去內部參觀。

再沿著克呂尼街，走上索邦街（Rue de la Sorbonne）後，會進入「索邦大學」（La Sorbonne）校區附近，即可看到古老的巴黎索邦大學著名的圓頂建築，左邊有幾家露天咖啡館，右邊的書店有販賣索邦大學的紀念環保棉袋，好幾個可愛的顏色適合送給不同氣質的朋友。廣場前的噴泉水花揚起，許多遊客崇尚這所起源於十三世紀，歷史悠久的巴黎第一所大學，紛紛舉起相機留影，我則鑽進書店去尋找西蒙波娃的存在主義。

索邦大學校區目前並未開放供遊客參觀，我選擇圍繞著老校區走上一圈，接著再回到學校街（Rue des Ecoles）上繼續探索；第一個

● 索邦大學附近。

● 萬神殿。

● 左圖：不經意回眸望向塞納河方向，從小斜坡的線條感受到這城市的美麗。
　右圖：聖艾蒂安教堂，海明威前往咖啡館寫作途中的必經之地。

路口右轉後，有個好認的地標，一間已經營業數十年的浪漫餐廳「白菜杯」（Le Coupe-Chou），戶外座位被綠色藤蔓包圍，是傳統法國菜餐廳。站在餐廳外，不自覺雙腳便往一旁小巷「拉魯街」（Rue de Lanneau）走進去。

巷道兩旁小圓墩像小衛兵般護衛著街道，車子無法進入的行人徒步區，地面是讓人喜愛的石板路，一家一家可愛的小餐館排列在迷人巷道中，偶爾有露天座位，讓坐著的人和走過的人，彼此都有對看的

機會，因著空間的變化而變得微妙自然。漫步至巷口「之字形」（Zig zag）的餐館，不妨轉頭看看左邊，那是朝著塞納河方向的緩降坡，我想起海明威說的，塞納河有著「尖塔、榆樹、遊艇……」永遠不會感到寂寞。

走出拉魯街巷道後即是加爾莫街（Rue Carmes），天際間樣貌美妙的尖塔與燈，兩邊櫛比鱗次的樓房，加上風雲匯集的氣勢，讓我回頭拍下照片，若沒有停在路旁的天藍色小汽車來襯托顏色，便不會

聖艾蒂安教堂附近的街景。

顯現出這條街道優雅中的俏皮。

　　沿加爾莫街繼續走，位於瓦萊特街（Rue Valette）那神聖莊嚴的萬神殿（Panthéon）就在眼前。萬神殿（又名：先賢祠）有許多偉人長眠於此，其中伏爾泰被稱為法蘭西思想之父，不僅在哲學上有卓越成就，也以捍衛公民自由，特別是信仰自由和司法公正聞名。萬神殿最初是法王路易十五興建的聖日內維耶大教堂，經過數次變遷後，現在成為法國最著名的文化名人安葬地；建築體是新古典主義建築的早期典範，立面仿照羅馬萬神殿，因此廣稱為萬神殿，圓拱頂為布拉曼特風格。

　　法國以人道為本的藝術家 JR，曾將熱熱鬧鬧的眾頭像裝置在進行整修中的萬神殿，不僅視覺效果看起來開心，也不失莊重，長眠在此的雨果、伏爾泰和盧梭想必也將會心一笑。萬神殿正面石柱上方的三角頂部浮雕，是一八三一年藝術家大衛・當傑斯的創作，名為「在自由與歷史之間的祖國」。

　　位置靠近萬神殿的聖艾蒂安教堂（Saint-Étienne-du-Mont）是法國巴黎第五區的一座天主教堂。

　　這裡是伍迪艾倫執導的經典浪漫愛情電影《午夜巴黎》（Midnight in Paris）中著名的場景之一，劇中，美國作家吉爾（Gil）從左邊的小巷子閒晃過來，坐在教堂側門的階梯上，午夜時刻的巴黎在鏡頭前的戲劇張力，就在此時開始。

　　不符合現代時空邏輯的馬蹄聲達達地傳來，更詭異的是馬車上的人歡樂的氣氛，吉爾在陌生人盛情邀約之下，坐上馬車一同離去，下一站吉爾竟意外進入畢卡索、海明威、費茲傑羅等藝術文學家的年代。接著的故事，都在巴黎的景點拍攝。

　　每到午夜便搭上聖艾蒂安教堂前的馬車，穿梭於不同時代背景的吉爾，最後在巴黎塞納河上與一位現代巴黎女子淋著細雨，展開一段全新萌芽的戀情。午夜坐在聖艾蒂安教堂前的石階梯上，若這是個有時空裂縫的車站，能自由地往返過去與現在、未來，你想搭車到哪裡呢？

電影《午夜巴黎》中，從聖艾蒂安教堂階梯的左邊，吉爾閒晃過來的狹窄小巷子的另一頭，右轉後就是迪卡爾街（Rue Descartes），從這裡開始不需轉彎，順著路直走，就是巴黎最古老街道──穆府塔街（Rue Mouffetard）。

觀察穆府塔街的路形變化，可以知道流動的時間如何使街道日益繁榮、美麗，腳上的石磚、斑駁的牆面、饒富變化的顏色和設計，長街坡度的仰角與俯角，抬頭時看見的建築線條，都是難忘的印象。

法國經典電影《藍色情挑》曾經在此地拍攝，描寫女主角茱莉在一場意外中失去親人後，試圖用壓抑悲傷、選擇遺忘的方式，讓自己可以繼續生活，卻因為一些人事物的發展，揭露逝去的丈夫出軌的事實，從痛苦的層面來說，整件事變得複雜。細膩的紋理，以一首未完成的曲子為主軸纏繞著，觀眾的心情也隨之一併沉入劇情。

我喜歡人來人往，十分熱鬧的穆府塔街，或許是因為空蕩蕩的感覺，就像是有一抹藍色籠罩在街上，使人憂鬱，因此我前後一共到這長街上三次，直到上飛機回台灣的前一天，才找到我心中想看到的穆府塔街。

優閒地徒步走遍巴黎，是理

● 穆府塔街，狹窄的石板路，歷史的軌跡。

● 到巴黎租借自行
　車樂趣無窮。

想中最棒的境界，但街道上行動飛快的自行車，讓我忍不住也想騎車享受一下速度感，在弗拉街（Rue Fouarre）上的「螞蟻的翅膀」（La Fourmi Ailée）店門口，專心研究起 Vélib 租借的方式，恰好一位日本小姐想還車，而這個租借站全部滿車沒有位置可以還車；換言之，若是我成功借出單車，空出來的位置便可以讓日本小姐還車，在這個共同的前提下，我們應用英、日、法三國語言一起研究首次借車的方式，並且成功了。

　　首次租借的方式不是很難，主要原因在於語言上可以選擇英文，要準備信用卡作為押金預刷，每次還車時都要注意是否亮起綠燈，以及保存好租借密碼卡，網路上有一些租借車輛的詳細程序可以查詢，記下來，走累了就借一輛便宜方便又快速的 Vélib 吧！

　　我騎上 Vélib，從左岸的第五區往西堤島方向走，初次騎車上巴黎的街道，速度感是有了，方向感還不夠，前方騎車的兩位巴黎小姐背著運動瑜珈墊，我靈機一動跟著她們騎了一段路，然後穿越「聖母院」前，到了「市政廳」廣場，我的 Vélib 尾燈光芒隱沒在繁華的巴黎瑪黑區車水馬龍當中。

INFO

莎士比亞書店
Shakespeare & Company

- 37 rue de la Bûcherie, 75005 Paris
- 週一至週六10:00～22:00
  週日12:30～20:00
- +33-1-43-25-40-93
- www.shakespeareandcompany. com/
- Saint-Michel Notre-Dame

茶葉罐茶館The Tea Caddy

- 14 rue Saint Julien le Pauvre, 75005 Paris
- 每天11:00～19:00
- +33-1-43-54-15-56
- http://www.the-tea-caddy. com/salon.php
- Saint-Michel Notre-Dame

鱷魚爵士唱片Crocojazz

- 64 rue de la Montagne Sainte-Geneviève, 75005 Paris
- 週二至週六11:00～13:00；
  14:00～19:00
- Cardinal Lemoine

白菜杯法國餐館
Le Coupe-Chou

- 9-11 rue de Lanneau, 75005 Paris
- 每天7:00～22:30
- +33-1-46-33-68-69
- http://www.lecoupechou.com
- Maubert-Mutualite

羊皮紙皮革製品
Calame& Parchemin

- 15 rue Claude Bernard, 75005 Paris
- 週二至週五11:00～19:00
  週六14:00～19:00
- +33-1-47-07-15-85
- http://www.calame-paris.com/
- Censier-Daubenton

學校日常雜貨
Bazer des Ecoles

- 20 rue de la Montagne Sainte-Geneviève, 75005 Paris
- 週一至週六8:30～19:30
- +33-1-46-33-77-96
- http://www.bazardesecoles.fr/ index1.html
- Maubert-Mutualite

小五金烘焙雜貨 Obrecht Siegrid

⌂ 24 rue des Patriarches, 75005 Paris

🕐 週二至週六10:15〜19:00

📞 +33-1-47-07-36-61

🌐 ladroguerieparis.com

🚇 Censier-Daubenton

專輯動漫店 Album Comics

⌂ 67 Bd Saint-Germain, 75005 Paris

🕐 週一至週六10:00〜20:00
　　週日中午〜19:00

📞 +33-1-53-10-00-60

🌐 albumcomics.com

🚇 Cluny-La Sorbonne

旅行樹書店 L'Arbre du Voyageur

⌂ 55 rue Mouffetard, 75005 Paris

🕐 週二至週六10:00〜20:00
　　週日10:30〜19:30

📞 +33-1-47-07-98-34

🚇 Place Monge

魏爾倫之家餐館 La Maison de Verlaine

⌂ 39 rue Descartes, 75005 Paris

🕐 週五至週二中午〜14:30；19:00
　　〜午夜
　　週四19:00〜午夜

📞 +33-1-43-26-39-15

🌐 lamaisondeverlaine.com

🚇 Cardinal Lemoine

沿途小記

巴黎第五區繪影

■賣鵝肝醬的小攤子，法國亞麻布桌巾上整齊擺放罐頭，手工製作的招牌，跟其他攤位不太一樣。

■莎士比亞書店，這個角落是公視戲劇《沒有名字的甜點店》在巴黎拍攝場景之一，女主角在巴黎學習甜點製作，再次回到巴黎進修的時候，在書店訪客留言牆上，偶然發現男主角之前的留言，當時兩人並不相識。

■頂上鋪紀念品店，來到這間小店的時候，記得是下了一整天雨的下午四點多，當天行程從一早就跟個人專屬導覽員 Bruno 先生約好漫步右岸。午後兩點多我們一起用了午餐，用完餐道別 Bruno 後，我獨自沿塞納河走到莎士比亞書店，隨後再閒晃到這裡，先是看看門口的明信片，走進去才發現店裡面有很多法國中部、南部的商品，可惜現在已經歇業。

Rue Mouffetard

Joyce 2014

■ 現在依然有很多遊客及年輕學生在穆府塔街聚會，海明威書中的髒亂咖啡館名為「艾美特」已不復見，只保留了當年他説的「市集街」的街區印象。他就住在附近 Rue du Cardinal Lemoine 七十四號樓上，穆府塔街邊的護城廣場上，冬天冷冽寒風吹落的樹葉浸透了雨水，一如他所描述的。

■ Les Bouquinistes 河邊綠箱老書商，海明威早年學習寫作時曾在這裡以少少幾個法郎買到新出版的英文書，在跟女攤販對話時不忘打聽法文書的優劣該如何判斷。

■ 塞納河附近現已歇業的偉士牌專賣店。

La Maison de Verlaine

Joyce 2014

■ 聖艾蒂安教堂附近的「魏爾倫之家」餐館。

■莫貝爾─米權利站的早晨市集，是一
　個位於地鐵出口，人來人往很熱鬧的
　廣場市集。

■穆府塔街和歐托蘭街路口，如果只想
　單獨走逛穆府塔街，可以搭地鐵到
　「Place Monge」站，出站後走歐托
　蘭街一小段即可到達。

■左圖：嘉隆街附近的街道，從這個路口
　走進去十分熱鬧，餐館跟紀念品店都擠
　滿觀光旅客。

■下圖：巴黎左岸的傳統法國餐館，我跟
　家人第二次來到巴黎在這裡用餐，門口
　烤乳豬香味四溢，法國麵包無限供應。

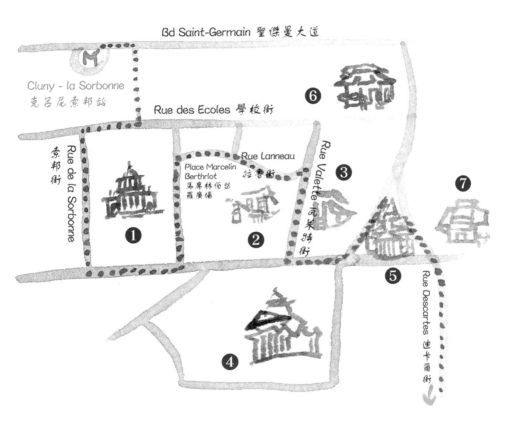

第五區散步路線圖

Bd Saint-Germain 聖傑曼大道

Cluny - la Sorbonne
克呂尼索邦站

Rue des Ecoles 學校街

❻

Rue de la Sorbonne 索邦街

Rue Lanneau
拉魯街

Place Marcelin
Berthrlot
馬席林伯愨
羅廣場

Rue Valette 瓦萊特街

❸

❼

❶

❷

❺

Rue Descartes 迪卡爾街

❹

1. Sorbonne Université 索邦大學

2. Le Coupe-Chou 白菜杯法國餐館

3. Zigzag 餐館

4. Panthéon 萬神殿

5. Saint-Étienne-du-Mont 聖艾蒂安堂

6. Bazer des Ecoles 學校日常雜貨

7. La Maison de Verlaine 魏爾倫之家
餐館

Saint-Germain-des-Prés   Joyce 2013

藝術文學巴黎

塞納河左岸充滿文藝氣息的第六區與第七區

巴黎的第六區及第七區都在塞納河左岸地區，約以地鐵巴克街站（Rue du Bac）為中心，地鐵站右邊為第六區，左邊為第七區。第六區內的雙叟咖啡館（Les Deux Magots）及花神咖啡館（Flore）位在聖傑曼德佩教堂（Saint-Germain-des-pr'es）旁，這兩家咖啡館昔日受到作家青睞，文學氣息濃厚，此外，盧森堡公園也位於此區。第七區著名的景點有巴黎鐵塔、戰神廣場、奧塞美術館及羅丹美術館，堪稱重量級藝術區。

走到歌劇街12號時，我不會覺得餓了，因為我看到許多從未見到的書。

——海明威《飢渴的巴黎》

無價的信任與支持

受到金錢援助和加油打氣的海明威

　　海明威經常在第六區的咖啡館裡寫作，從住家到咖啡館，沿途有麵包店櫥窗擺出精緻誘人的點心，或者是人行道上的桌子有人在用餐的，都容易使人飢腸轆轆；為了省錢，他得精心挑選一些能避開聞得到香氣、看得到食物的路線，如果家人朋友問及他在哪裡用餐，他的回答是盧森堡公園……

大約一百年前，巴黎的莎士比亞書店原址在第六區的歐登街十二號（12 Rue de l'Od'eon）那時海明威沒有錢買書，只好到蘇維亞小姐開的莎士比亞書店借書，那是一間書店兼圖書館，第一次去的時候很羞怯，因為沒有足夠的錢申請借書卡，蘇維亞小姐跟海明威說，可以等他有錢的時候再繳保證金，便幫他填了一張卡，跟他說想借幾本書都可以。「其實，她並沒有理由信任我。她從來不認識我，然而她是那麼開心，那麼熱情，那麼親切。她的背後就是圖書館的寶藏。」一直到他成名後數十年，都還清楚記著蘇維亞的面貌衣著，並說認識的人當中，她待他最好。

有一回海明威到書店裡，因為寫的稿子賣不出去有些喪志，蘇維亞要他別操心小說能賣多少錢，重要的是能夠寫作，這就夠了。從書店走出來到歐登街上，他想到自己竟然在別人面前訴苦，不禁感到慚愧；他說，現在所做的一切就是自己最想做的，卻又做得那麼笨拙。一邊咒罵著自己是個牢騷鬼，一邊快步走向力普小酒館（Lipp's）打算用剛剛蘇維亞轉交給他的稿費好好吃一頓飯。

叫了冰涼的啤酒和洋芋沙拉又點了香腸，享用完餐點，精神飽滿起來，他想，沒有什麼好擔心的，自己的短篇小說寫得不錯，將來在美國一定可以出版的，目前雖然還不能寫出長篇小說，但可以寫較長的短篇小說，需要的是時間和信心。

感受巴黎之心的溫暖喜悅

在出發前我就已經先在「巴黎一日，個人巴黎導覽員 Parisien d'un jour，Paris Greeters」的網站上申請了個人專屬的巴黎導覽員布魯諾（Bruno）先生，他說左岸就是巴黎之心，以古老十六、十七世紀建築聞名，稱為「Hôtels du Faubourg Saint Germain」。 今天布魯諾將陪伴我徒步走過這美麗的一區，由於電影裡常常拍攝到巴黎公寓居所，對又高又大的藍色、綠色、紫色……入口大門一定不陌生，他告訴我，從門的設計上可以看出建築物的年代，設計越是精緻繁複或有著小陽台的，都是年代比較久遠的。

提前半小時到達與布魯諾約定的地鐵十二號線上巴克街（Rue du Bac）站出口大鐘前，對面的聖傑曼咖啡閃耀著金色的霓虹燈，身形苗條的巴黎小姐穿著十分古典且正式，帶著愛犬在路口優閒來回散步。古代裝扮在巴黎街頭並不稀奇，過

馬路時擦身而過的男生可能留長鬢角，髮型像貝多芬，地鐵車廂女生穿小澎裙、黑罩紗網小禮帽，像「古代人」般流轉在巴黎，卻不顯得有什麼突兀，因為整座城市恰巧是符合他們裝扮的真實佈景，或許他們是穿越時空來到現代，也有可能是從沉睡中甦醒的靈魂。在巴黎，遇到「幽靈」好像也不必驚訝，這裡一切都很自由，沒有衣著規定，但記得，若是碰到奇裝異服的人，禮貌一定要有。

不久後，穿紅色外套的布魯諾來到我的面前，因為在家上網查閱資料及瀏覽照片，所以差點忘了時間，這天的天氣依然不太穩定，天空布滿烏雲隨時都會下雨，布魯諾利用車站出口的地圖簡單描述今天漫步計劃的順序及方位，他說以巴克街站為中心點，左半部是第七區，右半部是第六區。布魯諾認為我應該試著走進有著獨特設計的大門或是繞過拱廊的柵欄進到建築物庭園

內部一探究竟，於是他挑選一些特別的宅邸，按鈴跟門房說明可否借為參觀，透過布魯諾耐心溝通等候及鼓勵，我得以走進一幢幢漂亮的老公寓中庭參訪，電影、廣告都喜歡以巴黎作為拍攝地點，這些景在鏡頭前的確很有戲。

七十一歲的布魯諾先生，今天是巴黎解說課的老師，從巴克街開始在左岸七區、六區雨中漫步了六、七個小時，他總是說：「Here, you should take a picture…It's life.」（這，你一定要拍張照片……這就是巴黎生活……）幫忙撐傘讓我拍

照、讓我走在路邊靠裡面的位置，幫忙道歉、請求店家協助，這些都讓我這個自台灣遠道而來的異國女子感到有如貴賓般的禮遇。而沿路看到的公園、花園、玫瑰花、和平、歷史、建築、質感、區內歷史悠久的優雅旅店、藝術、食物、友誼、具有特殊意義的景色、麵包、巧克力、友善……，這些元素是他對我提起無數次的，他的故鄉巴黎。

原來，布魯諾多年的好朋友馬提（Mati）是一位塞納河畔畫家。在見到馬提的前一天，我在左岸一家二手書店已經見過他的作品，這是回台灣三個月以後看照片才知道的，當時我一再放大電腦中的照片，想仔細欣賞在左岸閒逛時拍下的櫥窗風光，頓時，一股溫暖喜悅洋溢。

布魯諾雖看出我的畫跟他的好友馬提的作品都是以街弄建築為主題，但是一直到我們用數小時在雨中繞完整個以巴克街為中線的巴黎

- 左頁：和布魯諾 Bruno 先生喝
  下午茶歇歇腳
- 右頁：花神咖啡館

第七區及第六區，又喝了好喝的咖啡後，步出充滿文學氣息的小巷弄，沿著塞納河漫步，他才告訴我，要帶我去看一位認識超過二十年的好友，那名好友在河畔擺攤販賣自己的畫，是位藝術家。

漫步途中經過藝術橋對面的法國研究所及美術學校，布魯諾都希望我能再找時間去仔細參訪，幾天後我在隨意的散步中，有走進美術學校中。至於法國研究所，我想，

倘若再回到巴黎，要約布魯諾一起去，這是個願望。

午後三點多，我們見到馬提，他們彼此熱情寒暄，布魯諾向馬提介紹我這個來自台灣的朋友，我在河畔看到了馬提的畫，此時布魯諾才對我說，你們的畫有共同的題材。我蹲下來選出一張聖母院的小畫想帶回台灣收藏，布魯諾微笑著再加上一張巴黎鐵塔小畫，馬提手上忙著簽名及包裝，但同時他們嘴上一

直在聊天沒有間斷，就像我對巴黎的印象——不論在電車上、咖啡館、大街小巷……人們很喜歡說話。然後，布魯諾大方地遞給我包裝好的兩幅精緻小畫，說是要送給我，是旅行紀念禮物。對於在異鄉的我來說，收到這份意外的美好友情，除了真心地向布魯諾道謝，我想到應該回請一頓同樣能感到相同美好的「遲來」午餐。

為此，布魯諾客氣地說我人真好，於是我們飢腸轆轆走進皇家橋（Pont Royal）斜對角的伯納街（Rue de Beaune）上位於巴黎第七區的一家 VGT Bowl 法國家常茶館，茶館內妝點著玫瑰及漂亮的瓷器。很幸運我們來得及享用到熱騰騰的午餐及好喝的花茶，餐廳裡有許多優雅的女性客人；因為只有法文菜單，布魯諾為我點了店內最受喜愛的套餐，他說這裡的食物非常好吃，我們一起在輕鬆的氣氛中用餐，閒談著法國與台灣之間不同的文化。

INFO

托瑪特的食品店Tomat's
（食材、香料、巧克力、鵝肝醬）

- 12 rue Jacob, 75006 Paris院子裡
- 週二至週六11:00～13:30；14:30～19:00
- +33-1-44-07-36-58
- tomats.net
- Mabillon

調色盤咖啡館La Palette
（畢卡索、塞尚常光臨）

- 43 rue de Seine, 75006 Paris
- 每日8:00～14:00
- +33-1-43-26-68-15
- lapalette-paris.com
- Mabillon/ Odéon / Saint-Germain-des-Prés

圖書館Libraries Alain Brieux Jean-Bernard Gillot（科學/工程/醫學 Sciences/Techniques/Medecine）

- 48 rue Jacob, 75006 Paris
- 週一至週五10:00～18:30　週六14:30～18:30
- +33-1-42-60-21-98
- alainbrieux.com
- Saint-Germain-des-Prés

麵包甜點店
Des Gâteaux et du Pain

- 89 rue du Bac, 75007 Paris
- 不定時，請查詢官網
- desgateauxetdupain.com
- Rue du Bac

區域教堂Eglise Catholique
（聖托瑪斯德阿奎教區 Paroisse Saint Thomas D'Aquin）

- 1 rue de Montalembert, 75007 Paris
- 請查詢官網
- +33-1-42-22-59-74
- http://www.eglisesaintthomasdaquin.fr/
- Rue du Bac

凱瑟琳布雷特花園
Jardin Catherine Labour'e

- 29 rue de Babylone, 75007 Paris
- 週一至週五8:00～21:30　週六至週日9:00～21:30
- +33-1-49-52-42-63
- https://www.paris.fr/equipements/jardin-catherine-laboure-2465
- Saint-François Xavier

咖啡館Coutume

- 🏠 47 rue de Babylone, 75007 Paris
- 🕐 週一至週五8:30～17:30 週六至週日9:00～18:00
- ☎ +33-1-45-51-50-47
- 🌐 coutumecafe.com
- 🚉 Saint-François Xavier

法國餐館VGT Bowl

- 🏠 22 rue de Beaune, 75007 Paris
- 🕐 週一至週五11:30～16:00 週六中午～17:00
- ☎ +33-1-47-03-92-07
- 🌐 https://www.facebook.com/VGTBOWL
- 🚉 Rue du Bac

斑駁鞭子餐館Au Pied de Fouet

- 🏠 45 rue de babylone, 75007 Paris / 3 Rue Saint Benoit, 75006 Paris
- 🕐 週一至週六中午～14:30；19:00 ～23:00
- ☎ +33-1-47-05-12-27 +33-1-42-96-59-10
- 🌐 aupieddefouet.fr
- 🚉 Saint-François Xavier / Saint-Germain-des-Prés

個人巴黎導覽員 Parisien d'un jour, Paris Greeters

- 🌐 http://www.greeters.paris/

沿途小記

巴黎第六區、第七區繪影

■ Le Moulin de la Vierge 聖母磨坊麵包店。

■ 奧塞美術館裡，上午九點不到，館外就已經排了一些人，等看梵谷的畫作，開館後更是排滿人潮。

■ 奧塞美術館前，露天音樂演奏的人、側邊速寫的人，再加上我，一個側拍的人，最後都進入我的畫了。

■奧塞美術館周邊有許多賣紀念品的商店，販售漂亮的鐵塔音樂盒和館內展出的著名雕塑迷你版。

Café de la Mairie.   Joyce 12.07.2012

■「荒謬的人生／樂觀的態度」，貝克特成名劇作《等待果陀》之處，巴黎左岸的瑪俐咖啡館。

第六區、第七區散步路線圖

1. Coutume 咖啡館

2. Au Pied de Fouet
   斑駁鞭子餐館

3. Jardin Catherine Labour'e
   凱瑟琳布雷特花園

4. Des Gâteaux et du Pain
   麵包甜點店

5. Eglise Catholique
   區域教堂

6. VGT Bowl 法國餐館

7. Libraries Alain Brieux Jean-
   Bernard Gillot 圖書館

8. Café de Flore 花神咖啡館

9. Les Deux Magots 雙叟咖啡館

10. Abbaye de Saint-Germain-des-
    Prés 聖傑曼德佩教堂

11. Tomat's 托瑪特的食品店

12. La Palette 調色盤咖啡館

燙金名門巴黎

奢華且富氣逼人的第八、十六、十七區

以巴黎凱旋門為中心，向下延伸至協和廣場的主要幹線香榭大道（Champs-Élysées）周圍是巴黎第八區，包含法國總統府愛麗舍宮及小皇宮，還有多處知名景點，而最著名的香榭大道上無庸置疑有很多頂級名品店，是逛街購物首選；從凱旋門向上發展則是巴黎第十七區，這裡的彭斯來（Rue Poncelet）市集裡所販賣的高級食材為名門等級；第十六區為巴黎房地產的燙金門牌，打開陽台落地的法式門扉，巴黎鐵塔盡入眼簾的幸福指數與房價指數成正比。

他的才氣是天賜之物，如同灰塵留在翅膀上的圖案一樣自然。

——海明威《貴婦喋羅》

作家間的友誼

折服於作家好友的海明威

海明威在巴黎結識的作家好友當中，文采最讓他欣
賞的人是費茲傑羅，他的作品《大亨小傳》曾經改
編成電影，是由美國男演員李奧納多主演的。最令
海明威折服的，還有他很擅長把已經完成的作品改
成適合雜誌刊登的樣子，既有才氣、性格又柔軟，
懂得符合商業市場需求，我想這是費茲傑羅從婚姻
生活中磨練出來的本事，他的妻子家境富裕性情驕
縱，而費茲傑羅深愛妻子因此百般受限……

　　海明威回憶：「我初次和史考特·費茲傑羅見面就發生了一件詭異的事。」幾個人一起喝香檳酒，費茲傑羅滔滔不絕地稱讚海明威的作品很了不起，當時，當面誇獎是一種羞辱，因此海明威轉移注意力不去聽他的發表，反倒觀察起這個新朋友，像是衣服、身材、氣色、五官，一直看到嘴唇，他形容：「這張嘴，在你不了解他的時候捉摸不定，等到你了解他以後，就更難捉摸了。」

　　費茲傑羅端著香檳杯坐在酒吧裡，突然間臉開始抽緊蒼白，兩眼呆滯嘴唇緊閉，熟識的朋友卻說讓他回家休息休息就好了，便將他送上計程車。幾天後海明威在丁香園看到他，說起那天的事，費茲傑羅說自己其實只是討厭在場的其中幾個人，所以回家去了。並堅決表示他那天配戴的只是普通針織黑色領帶，不是海明威記得的皇家禁衛軍領帶，海明威只好認輸了，這就是他所說的詭異的事。

　　對於丁香園咖啡館，海明威是真心喜歡，並說出一些原因，費茲傑羅聽聞他喜歡這裡，則是盡力表現出喜歡這個地方，神情快活且風度翩翩。他們就坐在露天咖啡座裡直到天黑，兩人喝了兩杯威士忌蘇打，像上次見面詭異的事情沒有發生，費茲傑羅沒有發表演說，也沒有做令人尷尬的事，言談舉止完全像是一個聰明又有風度的正常人，兩人還約好第二天一起去法國中部的里昂旅行。

見識名人等級的奢華生活

　　從協和廣場的美麗地鐵站出口走上台階，穿越方尖碑與噴水池後往香榭大道（Champs-Élysées）的方向前進，兩旁著名的綠色大樹及石板路導引著腳步，沿著香榭大道走向凱旋門的這段長兩公里半的散步道，完整地自第一區穿越第八區，連接上第十七區，路途中段，左邊的大小皇宮與右邊的公園都有不少遊客；小皇宮經常舉辦水彩油畫展覽，建議在出發前可以先上網查詢停留在巴黎期間，是否有自己喜歡的展覽，若在小皇宮裡面擁有挑高空間設計的「小皇宮咖啡館」（Café du Petit Palais）內喝杯咖啡，是不錯的選擇，天氣好的話還可安排在半戶外的位置，同時享受坐落在皇宮廊柱間的趣味感動。

　　奢華的香榭大道上隨處可看到停在路旁的豪華大車子，在車裡車外或坐或站的司機先生，西裝筆挺戰戰兢兢等候著夫人，貴氣萬丈的富太太們在血拼購物後，通常有管家幫忙提大包小包的戰利品，或者還有褓姆幫忙帶著打扮嬌貴的小孩子，上車再前往別處繼續選購；我胡亂連想這幾個畫面就像電影《穿著 Prada 的惡魔》中的劇情，完美華麗的背後總有值得描述的故事。獨自走在巴黎最美麗的大道，紙醉金迷的大道，像是作家費茲傑羅著作《大亨小傳》裡被包裝得狂野熱辣的財富權勢，眩目到飄飄然不真實。除了日常少見的富貴之外，大道上依然有很多平凡的觀光人潮流動，我在離開巴黎的前一天晚上，決定在這裡待到暮色降臨，親身感受夜巴黎在金色燈光籠罩下的閃亮繁華。

　　香榭大道是傳說中「好用」的二十四號公車行經路線當中，很多的重要景點之一，我跟巴黎人一起搭公車與搭地鐵，都分別有不同的體驗，比如在公車上我見到一位手上拿著啤酒罐醉醺醺的男人，坐在靠近後門的雙人靠窗座位，看起來是單

馬卡龍 Ladurée。

獨一個人身邊沒有朋友，偶爾會傳來忽大忽小聲的歡樂哼歌或喃喃自語的說話聲，我其實有點害怕，因當時車上人多，又只能站在他前面移動不得；看看坐在他旁邊的女士倒是面無表情，一副雲淡風輕的樣子，我裝作不經意的側瞄其它人，好像也沒人在意，我一個人擔心著這一觸即發的犯罪氣氛，萬一不小心波及到我這異鄉客，會不會就這樣回不去了。最後，在我掙扎要不要提早下車改搭地鐵的當下，某站車子停住後車門一開，醉漢倏地站起來從門口跳下車走了，眼見此景象，公車上的巴黎人還是一樣地淡定。

在早上如果是搭乘地鐵九號線到「米埃特站」（La Muette），出站後步行朝著十六區的帕西市場（Marché de Passy）方向前進，僅需一小段路，就可以看到市場白色的外觀跟台北的幾座室內傳統市場，如南門市場、士東市場等相近，蔬果攤的顏色很漂亮，其中也有些熟食的販售，市場地板十分乾淨。

位在帕西市場旁邊的帕西廣場（Place de Passy）上有一家麥當勞，從這裡開始的天使報喜街（Rue de l'Annonciation）兩旁也有一整排生鮮等食品商店，熱情的烤雞店店員還用歌舞劇等級的表演向我介

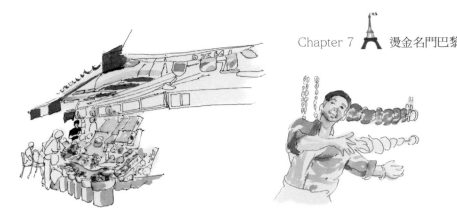

● 左圖：彭斯來市集。右圖：請對賣力推銷的歌舞劇等級店員給予熱烈掌聲。

紹又香又嫩的香草烤雞。這一區的平均居住水準在巴黎可說是首屈一指，因此，民生消費方面的品質價位也比巴黎其它地區來得高，看看櫥窗裡精緻的起士、肉類、甜點，開始活力滿滿的一天！

離開帕西市場之後，到同樣位在地鐵九號線上的「投卡德侯站」（Trocadéro），可以到「夏佑宮（Palais de Chaillot）」隔著塞納河眺望艾菲爾鐵塔。據說，在這裡看艾菲爾鐵塔是最好的角度，與戰神廣場上的視野完全不同！離開夏佑宮後再沿著河上的橋慢慢走向巴黎浪漫的艾菲爾鐵塔，感受屬於你的巴黎。

巴黎第十七區的北邊因為與十八區的紅燈區相鄰，因此治安較為不好，南邊則與富氣逼人的第十六區與奢華的第八區連成一氣，而搖身成為上流社會人士聚集的黃金區域，這裡的俊男美女很多，低調奢華的穿著，氣質中流露出貴氣，不管是咖啡館或是街上，都很賞心悅目。位於第十七區的彭斯來市集（Rue Poncelet），食材高檔新鮮，常常有名人會到這裡來採買，不妨親臨市集感受一下名人等級的生活。

唯一要留意的是，若從凱旋門步行到市集，須特別小心周遭的陌生人，凱旋門附近街道有很多扒手，甚至有可能大膽行搶搜刮觀光客的財物，我便目睹到一名年輕男子因為填寫問卷遭到扒手集團偷走錢包，狂奔大喊小偷，幸而有警察在附近巡邏，才順利逮到扒手。花都雖美，遊玩時切記提高警覺，小心為上策。

INFO

小皇宮Petit Palais ／ 小皇宮咖啡Café du Petit Palais

- ⌂ Avenue Winston Churchill, 75008 Paris
- 🕐 週二至週日10:00～18:00
- ☎ +33-1-53-43-40-00
- 🌐 petitpalais.fr
- 🚇 Champs-Elysées - Clemenceau

馬卡龍Ladurée (巴黎尚有許多分店)

- ⌂ 16-18 rue Royale, 75008 Paris
- 🕐 週一至週六8:00～20:00
  週日9:00～19:00
- ☎ +33-1-42-60-21-79
- 🌐 laduree.fr
- 🚇 Madeleine

歷史茶葉Mariage Frères (巴黎尚有許多分店)

- ⌂ 260 rue du Faubourg Saint-Honoré, 75008 Paris
- 🕐 週一至週六10:30～19:30
- ☎ +33-1-46-22-18-54
- 🌐 mariagefreres.com
- 🚇 Ternes

巧克力Marquise de Sévigné

- ⌂ 16 rue Tronchet, 75008 Paris
- 🕐 週二至週六11:00～13:30；
  14:30～19:00
- ☎ +33-1-42-65-19-47
- 🌐 marquise-de-sevigne.com
- 🚇 Madeleine

瑪德蓮教堂La Madeleine

- ⌂ Place de la Madeleine, 75008 Paris
- 🚇 Madeleine

美心餐廳Maxim's

- ⌂ 3 rue Royale, 75008 Paris
- 🕐 週二至週六19:00～午夜
- ☎ +33-1-42-65-27-94
- 🌐 maxims-de-paris.com
- 🚇 Concorde

瑪德蓮拱廊街La galerie de la Madeleine

- ⌂ 9 Place de la Madeleine, 75008 Paris
- 🚇 Madeleine

帕西市場Marché de Passy

- ⌂ Place de Passy, 75016
- 🕐 週二至週五8:00～13:00；
  16:00～19:00
  週六8:00～13:00；15:30～
  19:00
  週日8:00～13:00
- 🌐 https://www.paris.fr/
  equipements/marche-couvert-
  de-passy-5512
- 🚇 La Muette

彭斯來市集Rue Poncelet

- ⌂ 10 rue Poncelet, 75017 Paris
- 🕐 週二至週六9:00～13:00；
  15:00～19:00
  週日9:00～13:00
- 🚇 Ternes

沿途小記

巴黎第十六區繪影

■外表相當具有歷史感的熟食店，櫥窗倒映出對街法國建築物的線條造型，是我心儀的一幕景象。

■稜角圓圓的店面裝潢，很有貴氣的現代書店。

■「Sevilla」布料行，門口一台重機搭配外觀復古的店家，不管色調或是構圖都吸引我用喜愛的心把它畫下來。

巴黎永遠讓人飢渴。

——海明威《飢渴的巴黎》

Chapter8

沉醉靈魂巴黎

背後有段壯烈故事的第九區

從巴黎北邊的蒙馬特山丘向下走，進入第九區內的殉道者路（Rue des Martyrs），沿途有很多商店販售法國的好產品，這裡的商店櫥窗設計得很用心，吸引了遠道而來的我走進去逛逛。有一個壯烈路名的殉道者路，背後有段不平凡的故事。故事發生在西元二五〇年傳道者聖丹尼被入侵的羅馬士兵斬首殉道，傳說中因神蹟降臨，聖丹尼雙手捧著自己的頭顱穿過這條路走向蒙馬特高地，抵達北邊的 RER 站才倒下。已經犧牲的靈魂依然如此堅守信念，為巴黎第九區帶來一種專注完美的風格。

開始重新創作

將稿子放在手提箱後被偷走的海明威

「若是只能吃得很少,你就必須控制自己,不要老是想肚子有多餓。」海明威說飢餓是有益身心的磨練,辭去記者工作全心投入寫作的時候,他沒有想過投稿的每一篇短篇小說都遭到退稿,生活與理想要繼續走下去,保守初衷就如同保守自己寶貴的靈魂,飢餓的作家與捧著頭顱的殉道者,他們的磨難都使人深深省思……

被退稿也不全都是沒有益處，當時海明威寫的一批手稿、打字稿、複印稿曾經同時放在一個手提箱裡，在里昂車站被偷走，其中倖存的一篇小說〈我的老爹〉（My Old Man）被一位編輯愛德華・歐布萊恩（Edward O'Brien）收入在最佳短篇小說選，並獲得當年度的集子提辭，〈我的老爹〉正是因為被其他編輯退稿，才得以回到海明威的手上。

稿子會放在手提箱裡，原因是妻子海德莉想把他們出其不意帶到瑞士洛桑，讓海明威在度假的時候方便改稿。在車站手提箱不見了，海德莉哭了又哭就是說不出口，他跟她說，再可怕的事都不要緊，不用擔心，他們總會想出辦法的，海德莉最後才把發生的事情告訴海明威。軍中朋友欽克曾經教過他，永遠不去提已成事實的傷害，那些早期的作品丟了，也不是什麼壞事，他可以開始重新創作小說。

文稿作品遺失之後，海明威寫了〈不合時宜〉（Out of Seaon）這篇情節非常簡單的小說，並且刪掉了老頭子上吊這段真實結局，他覺得若是可以增加故事張力，就應該省略，這樣讀者就可以讀出弦外之音。

海明威說：「是的，想也知道沒人會要我寫的東西，現在寫出這樣的小說，可是人們都看不懂，不過，大家總會理解我的作品，就像他們對繪畫的了解一樣。」

走逛令人流連忘返「很巴黎」的區

當地朋友伊洛蒂（Elodie）介紹說這是一家慈善餐廳，原是弗雷德里克（Frédéric）和卡米·夏提爾（Camille Chartier）兩兄弟在當年將前火車站大堂翻新並創立了夏提爾餐廳（Bouillon Chartier），讓藍領階級的微薄薪資也可以獲得一頓溫飽，後來由一位演員接手餐廳，開始以幫助流浪漢為宗旨，並發展出一段故事。當年這位慈善家演員因為受到人民愛戴，法國巴黎的政治家都想拉近與她的關係以博得選票，最後這位慈善家卻因為意外而離世，原因至今眾說紛紜成了謎。現今餐廳則改變為冬日僅為流浪漢供餐，不對外開放，溫暖的季節中則以平價提供一般顧客餐食，收入扣除成本以後作為冬天的營運基金。

「巨大的空間裡有玻璃天花板和裝飾，走上臺階，找到位置坐下來，餐廳裡富有歷史感的小木頭椅子，銅和木材的質感無處不在。沒

有絲綢、水晶，也無獎盃，但具有靈魂和真實性的一個獨特而永恆的地方。我們起初的想法是一頓飯和一個很『小』的價格，以有肉和蔬菜的料理款待真正藍領族和附近的人；今天，只有客人和菜單上的多樣性有改變。」在夏提爾餐廳官網裡，記載著上列的文字。

透過網站可以查詢到當天的菜單，上頭使用的是法文，有前菜、魚類、主菜、蔬菜、乳酪、甜點及冰品等幾個選項，單項價格約在一點九到十二歐左右，價格相當平實，是文學的價格（Price literary），雖然不是星級美食，但是夏提爾的經營理念——「高興地在這裡，在你的地方；你是客人，不只是顧客的感覺」是無價的。

夏提爾餐廳認為「客戶使餐館的聲音、味道、氣味和視線，一切匯合，所以你不會錯過這神話般的感官盛宴。」古老的餐廳本身就很有味道，伊洛蒂和我在餐廳外面排

● 上菜囉!

隊等候的時候，她告訴我，餐廳沒有提供預約，只有親自排隊的方式才能獲得用餐的位置，大家懷著友善愉悅的心情一起期待著，幸運地我們在二十分鐘後進到餐廳裡。

高效率的服務外場工作人員穿著 le rondin（有很多口袋的一件黑色背心）和長長的白色圍裙，穿梭在食堂中，他們不同於印象中一派優閒的法國人，不僅動作敏捷，頭腦更是清晰，點餐時把內容直接記錄在桌上的餐紙，隨後依照記錄上菜及結算用餐金額，專業的服務、帥氣的認真工作，令人為之傾倒。

伊洛蒂和我被安排到已經有兩位年輕學生的座位，他們彼此也不認識，這是很有趣的地方，不管是否單獨用餐或兩、三人甚至更多人結伴前來用餐，延續傳統，規則是填滿每一個珍貴的座位，因為併桌的緣故，陌生人也能自然交談。這趟一個人的旅行，在夏提爾餐廳除了有伊洛蒂一起吃飯，還能跟來自不同國家的旅客聊天交換心得，這種美好跟連日來度過自由、孤單的每一餐相比，令人極為感動。

用所有可能的謙卑的心情，傳播一種溫和、高興地活著和其他小的事情，使我們的日常生活更快樂，夏提爾餐廳沒有魔法，卻能使人充滿幸福的感覺。

若來到第九區，是從蒙馬特山丘聖心堂離開後，時間還早，又不急著搭地鐵去其他地方，沿著三兄弟路（Rue Des Trois Freres）直走左轉，就會看到殉道者路（Rue des Martyrs），若是搭乘地鐵就要到最近的二號或十二號線的皮加樂站（Pigalle），或者是十二號線的洛荷特聖母院站（Notre-Dame-de-Lorette），這裡有很多有趣的商店、咖啡館、書店、藝術創作、甜點巧克力店、食品店等，因為不需要擔心哪裡該轉彎的問題，可以放心地沉醉在這個「很巴黎」的區。

我在殉道者路上的瑪麗特咖啡館（Café Marlette）點了一杯「延長咖啡」（Allonger），在巴黎如果不選擇，通常會送來一小杯濃縮的咖啡（Petit），「petit」（小）

● 殉道者路附近的可愛糖果店

● 前往殉道者路，最近的地鐵站 Notre-Dame-de-Lorette。

這個法文單字對我來說，代表著精緻典雅的意涵，法文的「朋友」如果加上這個字，就從朋友變成男女朋友了，所以也有著親蜜感。街上的小車、櫥窗裡的小書、小巴黎鐵塔……都是很可愛的巴黎。

品嘗完咖啡後，繼續逛街，逛到一間名為「父親的小女兒」（Les Petites Chocolatieres de pere en fille）手工巧克力店的時候，建築外觀雖然正在整修，藍底白字的招牌與充滿童趣的櫥窗依舊吸引了我，女主人正在跟顧客聊天，親切地招呼我並同意可在店內拍照，來到巴黎的第五天，見到的店家多半很友善，有些即使不同意拍照，在詢問後也是客氣地回說不方便，這是讓我對傳說中冷漠的巴黎感到讚賞之處。要提醒的是 Rue des Martyrs 原店現已歇業，新址位於 112 Rue de Sévres, 75015 Paris。

由於當週正巧碰上法國的母親節，俏皮的賀卡擺在櫥窗裡十分溫馨，店的創始人是兩位女生，因為喜愛手作巧克力開了這家超過二十年的店，在巴黎及法國其他地區也有很多分店，起源是一個關於家庭的故事，因此「父親的小女兒」字樣也加入在店名之中。

特別喜愛各式各樣具有時尚設計感的小物、居家用品嗎？「3 par 5」文藝青年的風格讓我在店裡流連忘返，每一樣商品都讓人好想帶回家，店裡的商品風格由安妮米斯（Anne Gomis）和朋友艾曼紐夏芭（Emmanuelle Chabat）兩位巴黎女生一手打造，她們總是不停尋找新的創作者作品，為這家店保留著不同的驚喜與創作的力量。

接下來要介紹的是專門販賣果醬的老店「房間」（La Chambre Aux Confitures），它曾在《今日法國》（France Today）中的〈生活風格〉（life & style）版面上被刊登報導過，當我走過店裡的櫥窗時，原本因它濃厚的貴族氣息而想略過，走了幾步路後不自覺地回到櫥窗前駐足，眼前這一家「只有果醬」的店看起來竟是如此純粹專心。

店裡有一對來自美國的夫婦正

在試吃，大量採購送給親友的禮物，店家服務的女士以充滿自信及溫暖的表情歡迎我的加入，各種果實製作成的果醬被整齊陳列在木製層架上，一張老照片及被包裝成禮物的果醬附上著名的法國小湯匙，傳遞出這是一間世代傳承老店的訊息。

試吃後買了「玫瑰果醬」，果實原料成份非常高，為了便於保存，在製作過程中僅使用了適量的糖，《今日法國》在報導裡提及，幾乎找不到形容詞能夠來形容它的「最、

高、級」，我想是的。

假使從蒙馬特山一路走到殉道者路，腳力還夠的話，第九區的維達拱廊街（Passage Verdeau）和杰弗瑞拱廊街（Passage Jouffroy）兩座老巴黎路線的拱廊街，一定要去感受其魅力。

我接著搭乘地鐵七號線到佩勒提站（Le Peletier），先出了地鐵站後，再經蒙馬特巷大道（Rue du Faubourg Montmartre）右轉並經過一家招牌上寫著「活著的麵條」的中國餐館，往前走幾分鐘便看到右手邊的維達拱廊街（Passage Verdeau）入口。

維達拱廊街街道上的羅蘭書店（Librairie Roland Buret）是一間古董二手童書店，貼在門口的手繪海報有大力水手卜派和米奇、藍色小精靈等可愛卡通人物在廊街上玩耍，櫥窗裡展示的精裝版經典童話書閃閃發亮，店老闆有一點胖胖的，和善外型與童心神情跟此店很搭配，是一家可以放心選書的可愛商店。

● 玫瑰果醬。

位於書店隔壁的「幸福夫人」（Le Bonheur des Dames），是塞西爾（Cécile Vessière）小姐的十字繡設計作品及材料包，同時在十二區也有分店（詳官網），店裡手工縫製的布娃娃及其它布類商品讓我看得目不轉睛，十字繡在巴黎有好多值得一去的店家，在維達拱廊街裡的「幸福夫人」正是其一。

我到「幸福夫人」的時候，店裡有一位顧客正在跟塞西爾小姐細聲地在討論作品縫製的事情，店裡面很寬敞，商品很豐富，雖然已經走了一整天的路，此刻卻輕飄飄的不覺得累，十字繡的美好完全平撫了身心靈。最後挑選繡著法文「愛」（Amour）的小作品，結完帳珍惜著收進布包，塞西爾小姐還在繼續創作，我輕輕關上門繼續旅程。

杰弗瑞拱廊街，一頭緊臨維達拱廊街，另一頭則隔著蒙馬特大道與第二區的全景郎拱廊街對望。

在巴黎相當有名氣的蕭邦旅館（Hôtel Chopin）以及葛文蠟像館（Grevin museum），也都藏身在這裡，Pain D'epice 薑餅玩具店在杰弗瑞拱廊街也有兩層樓的分店。

另外，巴黎一家大型的連鎖糖果商店「療癒美食」（La Cure Gourmande）在這裡也有分店，糖果包裝多樣化，種類繁多，在聖路易島上及歌劇院附近及巴黎其它地區都有分店；它於一九八九年在法國南部的一家小鎮創立，專門製作傳統的英式餅乾和糖果，芥黃色系的店鋪十分醒目。

如果喜歡看書，也喜歡法國的印刷及法文內容，廊街裡面有一整面開放式的二手書籍陳列架，可以自由取出翻閱，價格也標示得清楚明白。在巴黎只要是書店都會見到很多人在閱讀，特別是擺在路邊開放式的書攤，常常是人多到不容懷疑，巴黎人真的很愛看書。

音樂家蕭邦居住在巴黎的二十年間，他總喜歡在拱廊街尋找靈感，也常在這些廊街喝咖啡及用餐，不妨放慢腳步在陽光灑落的廊道裡，聆聽鋼琴詩人的奏鳴曲旋律，體會蕭邦。

INFO

夏提爾餐廳
Bouillon Chartier

- 🏠 7 rue du faubourg Montmartre, 75009 Paris
- 🕐 每日11:30～午夜
- 📞 +33-1-47-70-86-29
- 🌐 bouillon-chartier.com
- 🚇 Grands Boulevards

瑪麗特咖啡館Café Marlette

- 🏠 51 rue des Martyrs, 75009 Paris
- 🕐 週一至週五8:30～19:00
  週六至週日9:30～19:00
- 📞 +33-1-48-74-89-73
- 🌐 marlette.fr
- 🚇 Pigalle

「父親的小女兒」手工巧克力
Les Petites Chocolatieres de pere en fille

- 🏠 112 rue de Sévres, 75015 Paris
- 🕐 週二至週六10:30～19:30
- 📞 +33-1-45-66-51-27
- 🚇 Sévres-Lecourbe

文創商品 3 par 5

- 🏠 25 rue des Martyrs, 75009 Paris
- 🕐 週一14:00～19:30
  週二至週六11:00～19:30
- 📞 +33-1-44-53-92-67
- 🌐 http://www.3par5.com
- 🚇 Notre-Dame-de-Lorette

房間果醬專賣店La Chambre Aux Confitures（巴黎尚有其他分店）

- 🏠 9 rue des Martyrs, 75009 Paris
- 🕐 週一至週五11:00～14:30；
  15:30～19:30
  週六10:00～14:00；14:30～
  19:30
  週日10:00～14:00
- 📞 +33-1-71-73-43-77
- 🌐 lachambreauxconfitures.com
- 🚇 Notre-Dame-de-Lorette

羅蘭書店Librairie Roland Buret

- 6 Passage Verdeau, 75009 Paris
- 週一至週六14:00～19:00
- +33-1-47-70-62-99
- Grands Boulevards

幸福夫人十字繡店 Le Bonheur des Dames

- 8 Passage Verdeau, 75009 Paris
- 週一至週六10:00～14:00； 14:30～19:00
- +33-1-45-23-06-11
- bonheurdesdames.com
- Grands Boulevards

薑餅玩具店Pain d'Epices

- 29 Passage Jouffroy, 75009 Paris
- 週二至週六10:00～19:00 週日12:30～18:00 週一12:30～19:00
- +33-1-47-70-08-68
- paindepices.fr
- Grands Boulevards

我們生活中需要更多的謎。

——海明威《那客派來的使者》

Chapter9

赤裸藍調巴黎

運河坐落的第十區和音樂人士聚
集的第十九、二十區

在巴黎第十區裡著名的聖馬丁運河，河堤兩旁
有一些年輕人在野餐談心，河面上有一座別緻
的人行天橋。巴黎北站和東站都坐落於此，如
同故鄉台灣的台北市萬華區，第十區有一些平
民化的餐館跟商店，街區裡往來的行人也有一
點道上漂泊的江湖味，有如一曲藍調般真實赤
裸。巴黎最外圍的東北邊則是第十九區及二十
區，前者有歐洲著名的巴黎音樂學院、一〇四
藝術中心，後者則有巴黎市區最大的墓地——
拉雪茲神父公墓，也有一些充滿藝術氣息的年
輕人會聚集在第二十區的梅尼蒙街的酒吧或音
樂場所。

文人慷慨相助

熱心幫助文人寫作的海明威

海明威有一個永遠的好朋友名為埃茲拉・龐德，在那個年代的文人，迫於生計無法有足夠的時間創作，埃茲拉時常幫助他們，不論信得過與否，都會慷慨相助。他和美國一位富有的娜塔莉・巴尼爾小姐共同創立「文人會」，贊助許多藝術家……

當時讓埃茲拉最擔心的是詩人T.S. 艾略特，他在倫敦一家銀行工作，仰賴其收入生活，沒有時間寫詩，文人會的宗旨是讓大家把掙來的錢，不論多寡，捐出一部分給艾略特，幫助他離開銀行。富裕的巴尼爾小姐在家裡常舉辦文藝沙龍，在她家庭院中有一小棟閒置的建築物，蓋得像一座小希臘神殿，她在文件上允諾艾略特可以將這裡當工作室用。

身為文人會的一員，海明威熱心地幫忙四處籌款，夢想有足夠的金錢好讓艾略特能辭去銀行工作，且住進小希臘神殿工作室裡頭專心地寫詩，到時候他會騎著自行車，去採漂亮的月桂樹葉，並在艾略特感到寂寞的時候，和好朋友埃茲拉一起去

為艾略特戴上詩人的桂冠。文人會後來不知為何解散了，很遺憾並沒有獨力把艾略特從銀行裡「救」出來。埃茲拉幫艾略特出版了《荒原》（The Waste Land）長詩，又有一位貴婦人資助他所主編的《基準雜誌》（The Criterion），所以海明威從此不用再為他操心，後來艾略特還以《荒原》獲頒諾貝爾文學獎。

另外一個詩人鄧寧，抽了鴉片就忘記吃飯，因此營養不良、生命岌岌可危，他告訴海明威：「我們的生活中需要更多的謎，我們現在最缺乏的，就是毫無企圖心的作家和真正優秀的未出版詩作，當然，也不能忽略如何維生的問題。」

前進傳聞中最「亂」的區域

巴黎第十區有座人工運河，因為電影《艾蜜莉的異想世界》裡的女主角喜歡到這兒打水漂，意外紅了。如果說聞名遐邇的塞納河是風情萬種、千嬌百媚的，聖馬丁運河便是清新脫俗、俏麗可人的。

《艾蜜莉的異想世界》以「蒙馬特」為主要背景拍攝地，地處巴黎第十八區的蒙馬特山丘與第十區的聖馬丁運河有地緣關係，這些區位於巴黎治安較為紊亂的東北區。來巴黎前，在藍帶學甜點的朋友告訴我，巴黎的東邊及北邊一帶，對於單獨前往的女性要特別注意，因為這些地區有很多來自不同種族的居民，多半也相對貧窮，但是沒有必要過於擔心。

地鐵五號線的雅客邦賽爾讓站（Jacques Bonsergent）走出來，就可以稍稍感受到周圍氣氛有些不同，我的表情不由得武裝起來，「裝熟」地、無畏地直接大步往朗克里街（Rue de Lancry）邁進。傍晚時分天色還亮著，路上人來人往，人們都顯得比其它地區更為冷漠煩悶，沿途有一些店面，朗克里街步行到底就可以看到平靜的如同鏡面的運河倒映著天空。

街邊蒼鬱的大樹在春末夏初時節吸引一些純白色的飛鳥低空滑降飛行，我獨自站在綠色小鐵橋上觀看，河的兩岸席地坐著戀人、朋友，整幅彷彿靜止的景色裡，這些流動的白色線條療癒著心情，心也變得柔和。

在聖馬丁運河這地區附近有許多間不錯的咖啡館及餐館，有時間可以坐下來喝杯咖啡；河上的遊船分為上午九點多及下午兩點多兩個搭乘時段，可以在阿雷納爾港（Port de l'Arenal）的港口搭船。而靠近瓦爾米碼頭河畔（Quai de Valmy），主要由三條街道—馬賽街（Rue de Marseille）、伊芙陶笛街（Rue Yves Toudic）以及美修街（Rue Beaurepaire）形成的

三角形商圈則有許多商店，價格取向為中低價位，很適合逛逛街。

　　離開這裡的時候，搭地鐵到共和國站（République）換車，才晚間七點多，就見到三名荷槍的軍人在月台巡視，其中一人還朝我這外國臉孔盯著看了數秒，這奇妙的經驗也在巴黎給我遇到了。

　　其實單獨來到陌生的巴黎前，料想一定有些風險，但當踏上旅程開始，一切都變得比想像中簡單得多，就好像來到傳聞很亂第十九與二十區。早上就先把一些平日會隨身帶出門的家當，收起一半放在飯店房間，輕裝薄履準備前往探險。

　　時間排定在週日清早，原因很

● 聖馬丁運河附近的餐館。

單純，因為夜晚犯罪率高，清晨自然是一天中犯罪率最低的，加上都會區街道上人煙最稀少的時段，便是週日的清晨，我的計劃是想看看這樣的巴黎第十九與二十區。

早晨的地鐵裡果然人少少的，而且空位很多，我的斜對面坐著一位女孩，原本我在看手機裡的資料，抬頭看見她，覺得真像是從六〇年代走出來的女子，會讓人有這種感覺主要是她頭上的黑色小網帽跟大紅色的口紅，幾合細圖紋的高束腰澎裙與白色的匡威（Converse）球鞋，兩著搭配起來挺有型，有種優雅復古的感覺。

我打算先到第二十區尋找一家十點開始營業的書店「上升空氣」（Le Monte-en-l'air），在地鐵二號線的梅尼蒙站（Ménilmontant）下車，往梅尼蒙街（Rue de Ménilmontant）方向走去，它是一條不寬不窄的路，兩邊都有店鋪，時間還早所以很多都還未開門，路面有些向上的坡度，算是個小斜坡。

沿路上行人非常少，天氣出奇地晴朗，公車站旁邊一家小型藝術中心的櫥窗內擺著幾個泥塑人偶和好看的石版畫，這區的一座大教堂莊嚴靜穆，此刻應該是有許多民眾正在教堂內度誠敬拜心中的神。我好奇急於尋找資料上的七十一號地址，卻落空了，或許書店搬走了，也可能結束營業。在旅途中對於這樣的經驗雖然不多，不過能夠為了找書店跟這些不一樣的景色相遇，也是一種美好的際遇。

隨興地在街道上轉來轉去，牆壁上大面積的塗鴉文化在這區相當興盛，但似乎第十三區的塗鴉更富有立體性與創造力，這裡所見到的與第十區聖馬丁運河附近的風格比較接近。我走到一家大紅色的麵包店，在顧客進進出出生意興隆的店門口，一個小女孩被母親環抱保護著坐在地上乞討，雖然今天巴黎陽光燦爛，總還是有一點憂傷，如同海明威說的「飢餓是有益身心的磨練」，也只能這樣想了吧。

對第二十區的這些片段印象，倒沒有太多的亂，還是記得在週日

的清晨，麵包剛出爐，香噴噴的麥子味道飄散在空氣中，和幾位巴黎太太們在巷弄裡賣花的小攤子前挑選著美麗玫瑰的身影。

如果說要到巴黎第十九區遊玩的話，我會選擇在一〇四藝術中心（Le Centquatre）停留，從地鐵七號線上的里凱站（Riquet）下車，需要走一小段路才會到達。進入一〇四藝術中心參觀，基本上是免費，

但是有些展覽館則需要購買三到五歐元的門票，這裡不定期舉辦演藝活動，有時候也有藝術創意風格的聚會，是屬於活躍、動態型的藝術中心。

以大片透明玻璃為主要建材的斜屋頂，透出白天的自然光，形成室內空間錯落的光影變化，棟與棟之間有一些開放空間，擺設了裝置藝術，本想隨手將漂亮的建築線條

● Bazar Ethic 服飾店，招牌的彩色字體很俏皮，可惜現已歇業。

拍下來的，後來才發現在小角落裡，右邊一個老人在發呆，左邊長椅上有一對熱情如火的戀人，這樣的畫面完全占據了大腦配給一〇四的記憶體。

一〇四內部有一個相當大的書店，我在裡面停留了很久，翻閱一些關於巴黎和藝術類的書籍，不管到哪一區，街上的書店總最吸引我，

在不同的區，書櫃裡的書也會有專屬於當區的特色書籍，若是想多了解巴黎這個城市，常逛書店是不錯的方法；另外，每家書店為顧客挑選的書目也都不盡相同，在重覆性低的情形下，有喜歡的書就要趕緊購入，我分別在進口英文書店與巴黎當地書店，所購買的巴黎熱門景點小畫冊，就有法文版及英文版兩

● 街邊的小型藝術中心，在公車站牌旁邊陽光下的小店。

個語言版本。

　　還有一些開放空間提供民眾上吐納瑜珈課，今天是週日的中午，前來一〇四上課的人很多，浪漫捲捲澎澎頭的巴黎女生，穿著黑色細肩帶小背心和時尚飛鼠褲，在大型藝術中心裡運動，想必身心靈都昇華到一個頂尖的完美狀態。

　　除外，當然少不了占地很大的個性餐廳，但假如時間不多，在出口的附近有一個簡單的販賣中心，提供外帶的包裝飲料及點心麵包等等。我在書店停留太久也餓了，剛好在這個便利商店買了幾個傳統的法式糕點糖果和果汁，心滿意足地劃下第十九區一〇四藝術中心之旅的完美句點。

INFO

家飾Ideco store

🏠 19 rue Beaurepaire, 75010
　Paris
🕐 週一至週六11:30～19:30
　週日14:30～19:30
📞 +33-1-42-01-00-11
🌐 idecoParis.com
🚇 Jacques Bonsergent

● 巴黎瑜珈女孩有著自然澎鬆的髮型
　和合宜的身形。

藝術書店Artazart

🏠 83 quai de valmy, 75010 Paris
🕐 週一至週五10:30～19:30
　週六11:00～19:30
　週日13:00～19:30
📞 +33-1-40-40-24-00
🌐 artazart.com
🚇 Jacques Bonsergent

一〇四藝術中心
Le Centquatre

🏠 104 rue d'Aubervilliers, 75019
　Paris
🕐 週二至週五12:00～19:00
　週六至週日11:00～19:00
📞 +33-1-53-35-50-01
🌐 104.fr
🚇 Riquet

巴黎是一座古老的城市，而我們卻還年輕。

——海明威《虛假的春天》

Chapter 10

哲學意識巴黎

曾為革命之地且充滿國家意識的第十一區

人類歷經長久的演變才造就現今的文明，歷史上的衝撞與改革，我稱之為「進化的過程」，而哲學意識更是在歷史中驗證的一門學問。巴黎的第十一區，因為早遠的一些故事，迄今仍然是最具有新創推進力的一個區。巴士底廣場（Bastille）與巴士底歌劇院是本區主要地標，舊時為工匠街的拉佩街（Rue de Lappe），現在則是具有特色的餐酒館街，夜晚十分熱鬧。對於古董迷而言，不容錯過古董商店街區波潘庫村（Marché- Popincour）。

演變之下的深刻感情

把對妻子的愛寫進文字的海明威

在這個篇章，想試著從演變的話題開始，窺探海明威的婚姻生活，《流動的饗宴》一開始就提到了「旅行、經費、妻子」這些，年輕時必須在窮困中堅持理想的點點滴滴，在他邁入中老年階段之後回憶變得鮮明，當時與海德莉之間的對話，妻子的神情、支撐家庭經濟的壓力，都在海明威筆下釋放出深刻的感情。冬天過去了春總會來，春天來了，卻是虛假的春天，海明威說唯一能破壞興致的就是人，人的打擾往往是阻隔快樂的因素，除了極少數能像春天一樣美好的人……

「太太說：『我想，這趟旅行一定很有意思，塔迪。』她有一張線條柔美的臉龐，一聽到我的決定，她眼睛一亮，整張臉燦笑開來，彷彿收到豐盛的禮物。」書中描寫了海明威打算先退掉巴黎寫作的小房間，省下來的房租，可以和家人去瑞士阿旺山（Les Avants）的度假木屋，先前寫報導的稿費則拿來支付住處房租，旅行的時候他可以繼續寫報導，稿費可以作為旅費，因此這趟旅行的錢他們可以負擔得起，不管再怎麼窮，他還是想盡量和妻子享受在一起的每一刻，也想盡力配合太太的喜好。

海德莉喜歡賽馬，卻不常有閒錢能下注，雖然海明威知道自己苛刻得厲害，也知道日子相當難捱，而且他也清楚太太從來沒有抱怨過這些，海明威覺得自己和妻子彼此相愛著就夠了。有次賭馬贏的時候，兩人在橋上聊天，聊到好友欽克，海德莉顯露出非常想念這個朋友，海明威顯得不太樂意（也許是嫉妒），然後太太提議到雅各街（Rue Jacob）的昂貴餐廳「米叟」用餐，他們去了而且很興奮，吃飯的時候，海明威的嫉妒心表現得更明顯了，只是太太並沒有注意到。

米叟餐館裡的飯相當豐富，可是搭公車回家的時候，海明威卻說他有一種類似飢餓的感覺，在橋上的時候也一樣，進了家門上了床，在黑暗中溫存一番後，那種感覺仍未消失。夜裡醒來，他想著「這裡沒有一件事情是簡單的，甚至躺在你身邊，在月光下熟睡的人的呼吸聲，都沒那麼簡單。」

見證巴士底區在革命過後的全新樣貌

雨滴毫不在乎地下在
巴士底廣場的天使上
天空灰撲撲的
雨針劃破天際

雨滴毫不在乎的下著
灰色的雲沈重且陰暗
為美麗巴黎帶來雨水

窗外的街景完全停滯
蕭蕭瑟瑟雨中的巴黎

（錄自電影《巴黎小情歌》）

從第十一區的火箭街（Rue de Roquette）看見遠處巴士底廣場的金色天使，這裡是充滿革命與國家意識的區，十八世紀末的文學家伏爾泰曾在巴士底監獄坐牢，在當時巴士底監獄是國王專制獨裁的象徵之一。

一七八九年七月十四日，巴士底監獄被英勇的巴黎人占領，是解放被壓迫的農民第一次革命性的勝利，一直到一八七九年法蘭西第一共和國建立，把七月十四日訂定為國慶日。「最巴黎」的小說《刺蝟的優雅》中提到，「死亡並不可怕，重要的是，死前的那一刻你正在做什麼。」在法國大革命時代犧牲性命，為自己的國家奠定自由的碁石，那是個青春熱情、慷慨真誠的年代。

如今的巴士底區，仍然是年輕人喜愛聚集的地方，獨立樂團在這

● 老藝術家在地上用彩色粉筆作畫。

裡的咖啡館、酒吧的活動非常興盛活耀，我到理查德樂努瓦街（Rue Richard Lenoir）的音樂恐懼撒旦唱片行（Music Fear Satan）為十七歲的兒子挑選黑膠唱片的時候，兩位年輕人正在對店家進行電視節目的專訪。等待訪問結束，當我把手機裡五張不同團體的專輯唱片封面拿給剛剛接受專訪的老闆看，他微笑地詢問我需要 CD 還是黑膠，然後非常專業地，在三十秒之內全部幫我把五張黑膠找到，讓我佩服得說不出話來。

從聖路易島穿越薩莉橋（Pont de Sully）徒步到巴士底廣場圓環，繞過巴士底歌劇院，看見一位老藝術家在地上用彩色粉筆作畫，雖然看起來他是在臨摹另一張畫作，而我也不知道這是否為一幅名畫，但在地上的粉筆畫色調彷如油畫十分巧妙，讓我擔心起巴黎天氣的變化，萬一下起大雨，這地上的粉筆畫該怎麼躲雨。

到巴黎後連續幾日以來的用餐都是選擇法式餐點，心想換個中式口味解饞，方走進熱鬧的火箭街，看著兩旁的商店應有盡有，甚至是熟悉的星巴克、麥當勞、Subway 潛艇堡……，這天我找了一家叫做「美味」的中式餐館吃飯，店員都是中國人，來巴黎後第一次在店裡聽了一頓飯時間的中文交談，口裡吃的是白米飯、看的是中文報，他們聊的是在法國不能體罰孩子的事，這天似乎因為這些，開始想家了，或是因為想家了才跑去吃中餐，總之，已經分不太清楚。

來到素有工匠街稱號的拉佩街（Rue de Lappe），現在則已是夜晚時分，從朋友聚餐飲酒暢談心事的餐酒館街，右轉進拉佩街中細窄的鵝卵石路小巷，在十九世紀它是鐵器工匠的中心，到了近期已經成為夜生活的中心，小路上餐館酒吧林立，夜晚的時候很有放鬆的氣氛。

同在第十一區的夏隆街（Rue Charonne）從地鐵巴士底站一路延伸到夏隆站（Charonne），整條街的路徑很長，街道兩旁也會有一些相當吸引人的小巷子，像

是凱樂街（Rue Keller）、理查德樂努瓦街以及荷西廊道（Passage Josset）等，散步時如果是把探索夏隆街當成尋寶遊戲，開發自己所喜愛的風格路線，應該會很有趣。這條街上自一八九六年起就開始營業的「卡倫鮑爾家」（Maison Karrenbauer Bonbons）百年糖果店，門面是低調的巴黎經典紅，比

路面略低的商店內部，玻璃糖果罐裡裝著不同的糖果，小小的價格標示讓顧客方便依照預算選購，各種傳統的法式糖果都在平價範圍，有戶外座位，可以喝點熱飲、吃糖果補充熱量，可惜現已歇業。

夏隆街和凱樂街街口的「暫停咖啡」（Pause Café）就曾出現在法國知名導演賽德里克・克拉皮奇

● 裡裡外外都很美的飄雅咖啡館。

（Cédric Klapisch）的電影場景，位置在建物轉角，退縮出來的空地自然的成為露天座位區，層層疊疊的遮頂棚塑造出特殊的平衡感，此店天生的「戲感」，成為電影取景首選。

有著前後兩邊出入口的可愛書店──「迪西尼地帶」（Librairie de la Bande Dessinée）雖然說是一家在夏隆街路上的兒童書店，但是我是從小巷子的後門，進入這間空間很大的書店，原因是它的後院入口木門和植物、溫暖的燈光儼然是繪本中的圖畫書。推開木門小心翼翼地關上，裡頭十分安靜，到處掛滿色彩繽紛且富有童趣的玩具商品，轉了一圈穿過室內廊道走到另一個擺放書櫃的區域，才發現正門原來是在剛剛的夏隆街道路上，這家像迷宮一樣的書店，很適合帶小朋友來玩，或是充滿童心的你。

在第五區曾經提過的《愛在日落巴黎時》（Before Sunset）電影中的傑西與席琳，在離開莎士比亞書店後，兩人沿路交談，他們曾經到巴黎第十一區的一家咖啡館坐下來點了咖啡和檸檬汁，那是位於第十一區讓梅斯街（Rue Jean Macé）的飄雅咖啡館（Le Pure Café）。

席琳點了一支煙，問傑西說：「你覺得我跟九年前有些什麼不一樣？」電影看到這裡，我想傑西是個作家，應該會避開敏感的歲月問題，也好奇他會怎麼回答，整部電影中他們只是一直在對話，卻不覺得沉悶，像我這類型的觀眾，就是對問答的內容感覺到有趣。

傑西說：「妳變得比較瘦了點，但是一樣漂亮沒有改變。」席琳笑了，席琳說她曾經到美國去住過一陣子，傑西說他一定在路上看過她。坐在咖啡館小桌子前面的兩個人，距離是如此的靠近，近到眼神沒有空間閃躲，這個時刻我認為是電影中兩人關係的最高點。

此行過後，曾和家人又飛一趟巴黎，儘管巴黎的街頭巷尾，有著多到數不清的咖啡館，我依然央求家人，再次陪我在這間飄雅咖啡館坐下來品嘗咖啡的香味；對我而言，

這是最有巴黎風味的咖啡館，雋永浪漫裡夾帶著一些戲劇元素，香香苦苦成就人生故事。

二手物品回收再造的創作家商店——「卡魯時」（Carouche）就位在飄雅咖啡館旁邊，金色短髮的巴黎小姐卡洛琳（Caroline）穿著連身工作圍裙，總是在店裡埋首專心於她的創作。如果以二手物的價值來評斷價值是否昂貴，不如以手工創作品來看待這裡的商品，每個物件都被賦予全新的生命。

店內還有很多修復後重生的家俱家飾，只可惜都沒辦法扛回家，連續兩天我都到「卡魯時」店裡去，第一天我見到生命中的手袋，墨綠色的軍布加上藍色細條紋內裡縫製，皮革手把有著方型銀色扣環，手袋上甚至還留著打版時高低位置的記號；直到了第二天再度光顧鼓起勇氣詢問，卡洛琳認出我是昨天的客人，並且願意以低於定價十歐的價格出售，因此我得以用六十歐的價格獲得手袋及一份難能可貴的友情。

臨近的理查德樂努瓦街上的布作教室「Brin de couture」（縫紉課程之意）也是一家很可愛的店，那天我到店裡時，櫃台是一位黑人小姐，她說法語日安「Bonjour」的語調愉快，可以感覺到手作者溫婉的氣質，在這裡可以買到縫紉用的純手工「hand made」標籤跟針線盒，幾位年輕的太太正在教室上課。同條街上還有前面提到過的「音樂恐懼撒旦」唱片行。

接下來再繼續朝著鄰近的費岱爾布街（Rue Faidherbe）的方向走，從費岱爾布街通往地鐵八號線的費岱爾布‧柴利尼站（Faidherbe Chaligny）之間，有幾家值得參觀的商店，像是店名有著「十字交叉」之意的「名人十字繡」（La Croix et la Maniere）、童趣教室兼藝廊「巢」（La Niche）、「速克達」摩托車行（Les Années scooter）等等。

曾經在此區營業但現今已歇業的「巢」是兒童創作教室，使用不同素材的原料，讓天真活潑的小朋

● 巴黎必訪十字繡專門店。

友運用豐富的創造力自由地發揮，質樸的藝術品和毫不掩飾的快樂，有形無形都陳列在店鋪裡，老師和家長熱烈地在教室前交換孩子對藝術表現的意見。

無法抗拒的幽默也畫成圖畫印刷為明信片，我挑選其中一張到櫃台結帳，剛剛在跟老師交談的家長對我一再道謝，我猜這應該恰巧是她的孩子的作品吧！又或者是感謝我支持孩子們的創作。

我進到一家作品美到讓人忘記呼吸的「名人十字繡」店裡，莫妮克小姐正在縫紉車前工作，她是活躍於雜誌及媒體的十字繡創作家，店內有販賣淺色亞麻布及刺繡圖案

● 暖暖黃光為古董帶來溫度。

提供，用亞麻布簡單的以大小不一的別針巧手設計，可以作成燈飾及置物袋，令人愛不釋手。莫妮克小姐雖然忙於創作，卻不忘親切地招呼我，感到十分榮幸，我在店裡買了一只大別針，幻想也許可以把週末在市集買到的古董亞麻布，用大別針創作出意想不到的作品。

這一天結束了在奧塞博物館的參觀行程，抵達在地鐵十二號線上的索爾費里諾站（Solférino）附近後，先買了份草莓夾心千層派，再轉兩班車到三號線上的帕門蒂爾站（Parmentier），接著繼續往安普利夫大街（Rue Oberkampf）方向的古董商店區波潘庫村前進。到達目的地時，我優閒地坐在街邊的石墩上享用巴黎著名的烘焙點心——千層派，看著商家派員迎接大型貨卡，正忙著替整車閃亮亮的二手商品卸貨，內心不禁微笑期待，就要到來的瘋狂逛街之旅。

波潘庫村是由新波潘庫街（Rue Neuve Popincourt）、波潘庫村街（Rue du Marché-Popincourt）以及溫帶大街（Rue Temaux）這三條路共同形成的，專門經營古董家具生意，村內當中的「美麗的月桂樹」（Belle Lurette）舊家飾曾經是電影《疚愛》的拍攝場景；劇中的女主角即將再婚，和男友一起開車到這裡來買吊燈，女主角一邊在講電話，一邊把剛買的吊燈收進車後座的行李箱。

「美麗的月桂樹」舊家飾販賣的古董商品種類非常多，包括亞麻布、燈具、家具、玻璃製品、生活雜貨等，無法在週末時間到跳蚤市集的話，可以到這裡來過過尋寶癮。附近另外幾家二手用具商店及一家兼具展覽與書店功能的餐館「düo」也都不錯。

最後我帶走了古瓷磚和鑄鐵鑰匙，以及充滿能量的古董魂。如果喜愛具有歷史且充滿使用感的古董物品，絕不能漏失將第十一區的古董區「波潘庫村」列入行程，來到這裡，可以為自己的古董魂注入甦醒的生命。

INFO

暫停咖啡館Pause Café

- ⌂ 41 rue Charonne, 75011 Paris
- ⏱ 週一至週六7:30～2:00（次日凌晨）
  週日8:00～20:00
- ☎ +33-1-48-06-80-33
- 🚇 Ledru-Rollin

飄雅咖啡館Le Pure Café

- ⌂ 14 rue Jean Macé, 75011 Paris
- ⏱ 週一至週五7:00～1:00（次日凌晨）
  週六8:00～1:00（次日凌晨）
  週日9:00～午夜
- ☎ +33-1-43-71-47-22
- 🌐 lepurecafe.fr
- 🚇 Charonne

卡魯時Carouche

- ⌂ 18 rue Jean Macé, 75011 Paris
- ⏱ 週三至週五10:00～16:00
  週六10:00～18:00
- ☎ +33-6-60-40-68-12
- 🌐 https://carouche.typepad.com/
- 🚇 Charonne

書店Librairie de la Bande Dessinée

- ⌂ 26 rue Charonne, 75011 Paris
- ⏱ 週一10:30～12:30；13:30～19:30
  週二至週六10:30～19:30
- ☎ +33-1-43-55-50-50
- 🌐 librairiebdnet.fr
- 🚇 Ledru-Rollin

純手工布作教室 Brin de couture

- ⌂ 2 rue Richard Lenoir, 75011 Paris
- ⏱ 週二至週六中午～19:00
- ☎ +33-1-48-42-06-27
- 🌐 brindecousette.com
- 🚇 Charonne

音樂恐懼撒旦唱片行 Music Fear Satan

- ⌂ 4 bis rue Richard Lenoir, 75011 Paris
- ⏱ 週一至週六11:30～19:30
- ☎ +33-1-56-92-29-60
- 🌐 musicfearsatan.com
- 🚇 Charonne

名人十字繡
La Croix et la Maniere

🏠 36 rue Faidherbe, 75011 Paris
🕐 週一至週四8:45〜中午；13:30
　　〜17:30
　　週五8:45〜中午；13:30〜
　　16:15
📞 +33-1-43-72-99-09
🌐 lacroixetlamaniere.com
🚇 Charonne

美麗的月桂樹Belle Lurette

🏠 5 rue du Marchéu- Popincourt,
　　75011 Paris
🕐 週二至週五中午〜19:00
　　週六至週日14:00〜19:00
📞 +33-1-43-38-67-39
🌐 https://www.etsy.com/shop/
　　BelleLuretteParis
🚇 Parmentier

骨董風舊家飾Alasinglinglin

🏠 1 rue du Marché- Popincourt,
　　75011 Paris
🕐 週二至週五中午〜19:00
　　週六至週日14:00〜19:00
📞 +33-1-43-38-45-54
🚇 Parmentier

兒童畫室Le Poisson Bleu

🏠 19 rue Temaux, 75011 Paris
🕐 詳見官網
📞 詳見官網
🌐 lepoissonbleu.info
🚇 Parmentier

沿途小記

巴黎第十一區繪影

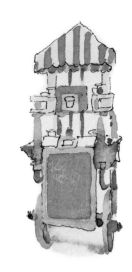

■街邊販售商品的小推車。

■凱樂街十七號，巴黎感時裝店「Gaelle Barré」。

■夏隆街一○二號，女性書店「Violette and Co」。

■凱樂街一間可愛小店購入的布製鑰匙圈。

■古董商店區波潘庫村，貨卡運來的不是貨，是夢……。

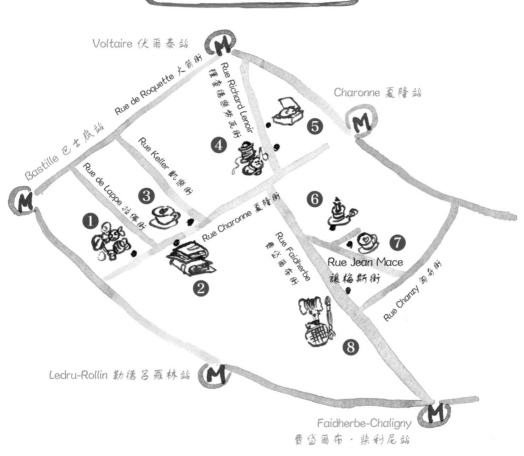

巴黎第十一區散步路線圖

Voltaire 伏爾泰站

Rue de Roquette 火箭街

Rue Richard Lenoir 理查德樂努瓦街

Charonne 夏隆站

Bastille 巴士底站

Rue Keller 凱樂街

Rue de Lappe 拉佩街

Rue Charonne 夏隆街

Rue Faidherbe 費代爾布街

Rue Jean Mace 讓梅斯街

Rue Chanzy 匈奇街

Ledru-Rollin 勒德呂羅林站

Faidherbe-Chaligny
費岱爾布‧柴利尼站

1. Maison Karrenbauer
   糖果店 (已歇業)

2. Librairie de la Bande Dessinée
   書店

3. Pause Café 咖啡館

4. Brin de couture 布作教室

5. Music Fear Satan 唱片行

6. Carouche 二手商店

7. Le Pure Café 飄雅咖啡館

8. La Croix et la Maniere 名人十字繡

舒心城鄉巴黎

現代城市對比鄉間小村的第十二區與
第十三區

看過巴黎地鐵圖的錯綜複雜，就知道在這裡搭乘地鐵若是沒有下
載行動 APP，想要靠記憶力把整個地鐵線路背熟，靈活運用各種
轉乘點不是一件容易的事，到站以後還有各區行走路線要對照尋
找，雖然說這樣也有一種遊玩的樂趣，但就是比較費神。這篇要
介紹的巴黎第十二區貝西村（Bercy Villag）及第十三區鶴鶉之
丘（Butte aux Cailles），一個是由葡萄酒倉庫改建成的，超大
型現代化購物中心；另一個則是清爽宜人的都會鄉村小區，一城
一鄉，多舒心的時光！

那時我還年輕，沒什麼憂傷，倒楣的時候總有些古怪又逗趣的事情發生。

——海明威《失落的一代》

創作時的靈感之井
學會讓靈感如泉水湧現的海明威

海明威提過，他曾經在還保有童年的抒情能力的時候，寫了一部長篇小說，那部小說放在手提箱裡，後來在里昂車站被偷走了。童年如同青春稍縱即逝，他必須再寫一部長篇小說，然而，他要拖到不得不動筆時再寫，讓這壓力慢慢增加……

就位在第十三區內弗勒呂斯街（Rue de Fleurus）二十七號的史丹女士宅邸，在寒冷的天氣會開上暖氣，有很長一段時間海明威在黃昏前會將寫作告一段落，路過弗勒呂斯街時習慣進去暖暖身子、看看牆上的名畫、聊聊天，除了偶爾會閉門謝客，其餘時候史丹女士總是很熱情。當海明威出差到其他國家寫作採訪後回到巴黎，史丹女士很喜歡聽他講一些滑稽的事，她想聽的是當今世界上最快樂的事，至於醜陋、真實的一面從來不感興趣。

每次寫作有一定進度的時候，海明威會停下筆讓自己不再想作品的事，只留下一點線索以便隔天可以接著繼續寫。通常會做做運動讓自己的身體疲倦，就像是拳擊。感覺腦子空空的時候，就讓自己讀點書，他說：「創作的靈感就像是一口井，我已經學會了永遠不把井水汲乾，而在井的深處還有水的時候就停筆，讓井在夜裡重新灌滿泉水。」

因此，他會閱讀一些當時文壇作家的作品，例如赫胥黎、D.H. 勞倫斯等等，也會讀從莎士比亞書店借回來的書，或者是在塞納河畔書攤買的書。

海明威上前拜訪史丹女士，自然也懂得盡量讓主人談談對書籍的看法。不過，史丹女士卻說他喜歡的作家赫胥黎死氣沈沈，她說：「你為什麼要讀那些一文不值的書？那裡面全是廢話連篇，作者都是行屍走肉。」海明威堅決說他覺得讀那些書很有意思，讀他們的書，就能把心思從自己的寫作上移開。

許久之後，一個服過役幫她修車的小伙子，不知道什麼原因惹惱了史丹女士，她向修車廠老闆告狀，於是老闆罵了這個小伙子「你們都是失落的一代」。她學起這句話，對海明威說：「你們都是失落的一代，通通都是！」他不以為然：「是嗎？」

享受巴黎的現代與鄉間風情

搭乘地鐵十四號線到聖殿艾美站（cour saint-émilion）後，走上手扶梯出站，就可以直接到貝西村（Bercy Village）。是巴黎南區星期日也照常開放的大型購物中心，曾經是大型倉庫的貝西村，仍保存它的倉庫外觀特色，兩旁的餐廳多半設有戶外座位，在天氣晴朗時，這裡總是高朋滿座，充滿此起彼落的談笑聲，與杯盤碰撞的清脆聲音。

在巴黎設有許多分店的梅森凱瑟麵包店（Eric Kayser），位於貝西村內的店鋪，是採自助結帳、自由選位入座的方式，對於一個人用餐的我再適合不過了。簡單的義式冷麵加上一瓶維他命水，我依著大落地窗的座位坐下來享用優閒的午餐，隔著玻璃與外面用餐的人一起望著天空看著行人，心想兩年前到貝西村來玩還是我的夢想呢，沒想到就這樣實現了！貝西村的牆壁紋理真的如同在課堂上和學生一起畫的，這樣的紋理，顏色也真的是這

樣，覺得很熟悉，但又很陌生。

因為碰上假日，購物中心裡的人潮一直很多，商店內一列列的顧客在排隊等著結帳，我幽幽地逛過幾家店，享受一下跟當地人一起選購的樂趣，有時候還會錯亂的好像回到家鄉的城市。真實的生活是這樣子沒錯，有孩子的媽媽，假日陪著小孩選衣服給建議，女孩熱於試穿挑款式，男孩則隨便比一比就說「買吧！」回頭一溜煙跑走，逛別的去了！走在前面的法國老夫婦，節奏跟台灣的老夫婦也是相似，不論國別，人類的生活說起來其實差距不大。

這裡的廚房家居用品及手作材料商店都占地廣大，像是小朋友隨手可以玩畫的油畫布，自己動手做的立體筆記本，傳統法國的調理鍋具、創意廚具等等，都可以花上一些時間逛逛。順道一提，貝西村的洗手間會有專屬的安全人員定時進行安檢，洗手間外面有一整面牆的

● 跟家人好友一起來貝西村用餐，享受一下美好時光。

實用傳單可以免費索取，傳單資訊內容包括各大博物館、觀光交通工具、著名表演等等，如果想要收集到完整的遊玩巴黎訊息，到這面牆來吧！

　　準備離開貝西村之前，總想要再找一下跟大家一起畫過的「那個角落」，穿越過熱鬧的人聲鼎沸的熱鬧區域，往附近的街巷探索，不知道畫中的倉庫會不會被翻修過，成了商場的一部份，已經沒有「那個角落」了呢？

　　走了一會兒，就在眼前見到似曾相識的建築物，但還不是「那個角落」。我好奇地透過欄杆縫隙偷看裡面，好像是個大庭院，沿著圍牆繼續走著，越來越像的風格使我熱血沸騰起來，像猴子吃了香蕉後有了百倍活力，然後突然發現牆面上多了一些白色石膏頭像的「那個角落」還在，我前後左右移動，深情地望向它，心中滿意得不得了，找到了！這區的倉庫經過改裝，已經是一間博物館，只不過今天剛巧休假，附近顯得冷冷清清沒有行人，沿著外牆我走過畫中的人行道，用手觸摸牆壁的質地，真實地走進自己的畫中。

　　很喜歡搭車到六號線的可維札站（Corvisart），六號線在地圖上

是一條漂亮的淺綠色線，其中有一段是空中高架的軌道，當中包含有好幾個車站，可維札站便是其中一站，這一段也可以說是「空鐵」，不是「地鐵」了。

可維札站出口，越過奧古斯特大道（BV Auguste-Blanqui）後，正前方有綠意坡道樓梯，往上到底後，到小公園再左轉到底，是五顆鑽石路（Rue des Cinq-Diamants）、參孫街（Rue Samson）、博通廊（Passage Boiton）、鵪鶉之丘街（Rue de la Butte aux Cailles）、托爾比亞克街（Rue Tolbiac）都有特色建築物及小巷。不過要留意的是，如果下車的月台是靠近聖羅莎莉教堂（Paroisse Sainte Rosalie）這邊，要穿越到對面的月台才是正確的方向。

這區的氣氛與環境相當安靜且乾淨，被稱之為「鵪鶉之丘」（Butte aux Cailles），從可維札站到七號線的托爾比亞克站（Tolbiac）之間，適合天氣好的時候，曬著溫暖陽光散步拍照。五顆鑽石路是一條有點坡度的小巷弄，沿路上有一些

● 巴黎第十三區小酒館。

畫廊及有趣的小店，這裡的房屋帶著一種像是家鄉文創城市老房子的味道，各有各的特色；牆壁上豐富的塗鴉文化，數量很多並且具備強大的創造力，可以說是一場精采的露天展覽。

停留在巴黎的期間裡，曾經兩度來到「鵪鶉之丘」，製造了許多陽光底下溫暖的回憶，第一次在聖羅莎莉教堂方向迷了路，走進教堂發現牆上畫著附近的詳細地圖，我在教堂裡找到正確的方向，同時又

有椅子可以稍稍休息，一份整潔明亮安全的保護與指引，在一個人的旅程中顯得珍貴無比。

人煙稀少的巷弄中，披薩店的廚師優閒地在門口，盯著地上跳躍的幾隻鴿子看，餐館跟咖啡館有一些人在曬太陽，小廣場前三個小男生在踢足球，兩個男人架著大型攝影機，對著巷弄拍攝影片。很少有觀光客出現的地方，一個外國人在對著巷弄風光拍照，在咖啡館曬太陽的人笑笑地討論我的相機鏡頭面對的取景角度，而我，收集了這點點滴滴的巴黎第十三區日常。

我曾經把法國之旅的地點設定在南法灑滿陽光的黃金沿岸山城，幻想著畫中的石板路和建築、路燈，但最終在難以取捨之下，還是決定選澤巴黎作為起點，如果你也跟我相同，那麼一定要來一趟「鵪鶉之丘」，既可以享有巴黎，又能夠滿足南法夢，因為這裡的建築巷弄很南法，在露天座位點杯咖啡曬曬太陽吧！

● 城市裡帶有優閒的鄉村氣息。

INFO

INFO 亞力格市集Marche Beauvau (Aligre)

- ⌂ Place d'Aligre, 75012 Paris
- ○ 週二至週六8:00～13:00；16:00～19:30
  週日8:00～13:00
- ✆ +33-1-43-45-36-59
- ⊕ http://marchedaligre.free.fr/
- 🚇 Ledru-Rollin

INFO 貝西村Bercy Village

- ⌂ 28 rue François Truffaut, 75012 Paris
- ○ 每天10:00～20:00
- ✆ +33-1-40-02-90-80
- ⊕ bercyvillage.com
- 🚇 cour saint-émilion

INFO 餐酒館Les Abeilles

- ⌂ 21 rue de la Butte-aux-Cailles, 75013 Paris
- ○ 週二至週六11:00～19:00
- ✆ +33-1-45-81-43-48
- 🚇 Corvisart

INFO 法國國家圖書館Bibliothèque nationale de France（BnF）

- ⌂ Quai François Mauriac, 75706 Paris
- ○ 週二至週六9:00～20:00
  週日13:00～19:00
  週一14:00～20:00
- ✆ +33-1-53-79-59-59
- ⊕ bnf.fr
- 🚇 Quai de la Gare

沿途小記

巴黎第十二區、第十三區繪影

■亞力格市集。

Vitamin water
維他命水環保提袋

■ 在貝西城隨餐加購的紀念品。

■古董市集購入的雕像。

■位於第十二區的
「Aqrology」
販售熟食、酒
類、廚房用品。

尋寶市集巴黎

別具歷史魅力的第十四區與布滿購物氛圍的
第十五區

巴黎第十四區主要為蒙帕納斯地區，古董二手市集——「凡夫市
集」位在這個區的最南邊；位於蒙帕納斯大道的丁香園咖啡館，
海明威在這裡完成他的著作小說《旭日依舊東昇》。第十五區屬
於高級住宅商業區，「貿易街」是逛街購物的好地方，最著名的
則是法國最高的五十九樓蒙帕納斯大樓。從連接第十六區的比爾
哈克姆橋看巴黎鐵塔別有一番風情。

在巴黎這個再窮也能找工作、能過得好，還有時間讀書的地方，走入這樣的文
學新天地，宛如得到一座寶藏。

——海明威《謝普曼庇丁香園》

只想隨意閱讀

閱讀喜好與好友不同的海明威

海明威的朋友當中，待人和善的埃茲拉是他最敬重、最信任的一個評論家，一次交談中埃茲拉・龐德說：「老實告訴你，我從未讀過俄國人的作品。還是讀讀法國人的作品吧！那就夠你學的了。」他回答：「我知道，在任何地方我都有很多地方要學。」回到家，房東女士說剛才有個小伙子來找他，現在人在丁香園等他……

海明威那段時間看最多的就是俄國作家的作品了，被埃茲拉這麼一說，很不是滋味。他說，埃茲拉主張用詞必須貼切精準，還教他不要依賴形容詞，這對他很受用，後來他更觸類旁通地學會在某些場合絕不去信任某些說話花俏的人。

從家裡走過去丁香園，在陽光與陰影交疊之中看到伊凡・謝普曼坐在露天咖啡座等他。謝普曼是個詩人，看到海明威，他站起來，個子瘦高、臉色蒼白，白襯衫很髒，領子也破了，灰外套皺巴巴，只有領結很整齊，笑容親切略帶歉意，看得出來有控制住笑意的力道，避免露出不整齊的牙齒。

侍酒者尚恩跟謝普曼熟識，幫他們倒了很滿的威士忌，小口品嚐著，海明威提到俄國作家，謝普曼就這個作家的作品及翻譯向他做了一些分析，海明威終於可以說出心裡的話，他說想隨意閱讀，不刻意閱讀就會越讀越想讀。謝普曼又說：「好啊！我用尚恩的威士忌支持你。」丁香園正要改成能賺錢的美式酒吧，服務生都要剃掉鬍子穿上白色外套的美式制服，他替從年輕開始就留著鬍鬚的老服務生尚恩感到很擔心。

到二手市集尋找古董寶物

　　到巴黎逛古董二手市集，是首要行程。雖然這整座城市就像是一部超過好多世代的書譜，抬頭看的、腳底踩的全是歷史，街頭亦不乏販售舊物的商店。然而，使用古老的趕集擺攤模式，由來自四面八方甚至於全球各地的攤商主人聚集而成的大型二手古董市集，確實是別具魅力，也因此在每次的旅行中，總要排上一段計劃，逛逛古董市集。

　　來到第十四區是在第一個週六清晨，我搭乘地鐵十三號線直奔向凡夫閘口站（Porte de Vanves）附近區域的凡夫市集（Marché aux puces de la Porte de Vanves），出地鐵站後走勃如大道（Boulevard Brune）一小段，再右轉到市集廣場只需要短短的十幾分鐘路程。舒適的廣場樹蔭底下近四百個攤商，包含家具、工具、燈飾、餐桌、玻璃、銀器；古老衣物、紡織品、古董珠寶；照相機、留聲機、收音機、書、貨幣、獎牌、圖畫、板刻、相片、明信片、玩具、宗教藝術；東方藝術和非洲等地的藝術品，販售的物品大多擺放得相當整齊好看，有固定的老客戶在跟熟稔的老闆開心聊著，也有不少的外國人結伴穿梭在市集間。我後來找到一個自己的模式便是，每一攤都可以逛可以看，但是有喜歡的物品出現時，會先看看攤位的主人是不是「看起來」像「好人」，經過簡單的篩選後，買賣之間都很愉快輕鬆，特別是隻身在異國，總是需要多一點謹慎。

　　在逛二手市集前，一般很難知道即將帶什麼寶物回家，若預期攜回的物品體積太大或數量很多，對於航空寄送的規則需要提前作點功課，甚至在訂機票前也可以多加打聽個人託運行李的上限。像我就很喜歡市集裡的幾個落地玻璃燭台，它們有著皮製的提把和黃銅質地滾邊，攤位主人是一位誠懇的女士，她主動提供一個十分優惠的價格，若是住在法國，我一定帶它們走，

只可惜了這趟旅程不容許額外的購物風險，只好跟著自己噗通噗通的心動聲一起默默隨著腳步離開。

來市集的前一天下午，是在第九區的行程，遺憾地見識到巴黎人的不友善。事情發生在一家漂亮的雙店面蛋糕甜點店，禮貌上在店家拍照必須徵求對方同意，店員告知我僅能拍攝「兩張」，我珍惜著「兩張」的機會，舉起三次相機透過鏡頭取景，但均未按下快門，突然從店的後面廚房衝出一個氣呼呼的男人，指責我未經允許就自行拍攝照片，我回他已有詢問過店員，他接著發飆道，只許兩張！然後繼續生氣強調這裡是他的地方云云⋯⋯並且毫不留情請我離開，我便了解到該轉身離開。當時倔強不道歉也沒有解釋，只能說「誤會」使意外發生，不過倒是多了一件在巴黎時忘不掉的事。於是，從這天來到市集開始，一直到離開巴黎前，每次詢問是否可以拍照都更加細心地問：「可以只拍一張就好嗎？」然後用

● 往市集途中的一間書店。

● 遠遠地……紀錄下這巴黎十五區。

眼睛取景，每舉起相機一定按下快門。透過經驗學習而來的這個模式讓我安心地繼續在巴黎的旅程。

款式漂亮的舊鋼印、精緻銅製的女士鈴噹，即使在法國也少有的古董亞麻桌布和超過一百年的書籍、書籤，以及數把古鑰匙，這些漂亮的小物，是一再挑選之後入手的寶物，每樣都經過甜美微笑及客氣攻勢的討價還價，單品均不超過三至五歐，唯古董書跟桌布除外，因為較為稀有，價值也普遍偏高，大約是以十五歐左右買入。這些珍藏的紀念品，裝載著我對巴黎滿滿的溫暖記憶。在出發前，透過資料千挑萬選的唯一古董市集行程，果然真的沒有讓我失望。

搭乘地鐵八號線，在到達貿易站（Commerce）後，一出站馬上可以感受到兩旁現代化且密集的商店街跟巴黎其它地區的氣氛迥然不同，十分明亮且具購物感的氛圍快速包圍著我，人來人往的族群以年輕人居多，第一個想法是這裡是較為平價的血拚天堂。隨興進了一

家法國娃娃鞋專賣店，價格果然親民，但是店員的撲克臉不太親民，我小心地「逛」著，店裡另外有個小姐詢問店員尺寸及試穿的問題，果然得到不怎麼滿意的答覆，隨即氣呼呼地走出店門口，我見狀亦以小幅度前進的速度，移往門口方向進行「微逃走」。

當然這只是一段小小的回憶，不能代表巴黎第十五區的一切，我在那天的隨手筆記上寫著「沿途都是有好折扣的商店，感覺很安全，購物選擇多，逛街好去處」。雖然到這一區的時候已經是近傍晚六點，店家似乎都還很熱鬧地開著門做生意，天色還很亮，我走在貿易街興奮地看著兩旁的店家櫥窗，並朝著艾米佐拉大道（Avenue Émile Zola）方向前進。兩條路是垂直交叉的，我到附近想找尋出發前日文書籍介紹的幾家雜貨小店，因為已經在巴黎停留一段時日了，心情也巴黎了，不再受制於汲汲循地址前往，這天有一些很有趣的經歷。

在艾米佐拉大道上的收藏者之

家（La Maison du Collectionneur）門口擺著長桌，巴黎賣二手書或二手光碟 CD、小物的商店常會這樣做，既不擔心東西會遺失，又能方便顧客隨手找到需要的東西。我在長桌前看著以軍事作戰為主的精緻人偶跟一些軍用品，從店裡走出一個男人，他一派輕鬆鎖上店門不經意看我一眼，然後大步邁開頭也不回，我有點疑惑了，所以……他不擔心桌上的東西遺失？即便有人正在這裡看東西，又看到老闆鎖門走掉？！他是……下班了嗎？那這些長桌上的東西怎麼辦？我趕緊到被關上的門口看看有沒有註明營業時間，貼在門口的紙上寫著「Ouvert du lundi au samedi：14h à 19h.30」營業時間為週一至週六下

● 我看著店裡及外面長桌都擺著滿滿的商品。

午兩點到七點三十分，查看手錶知道打烊時間還沒到，我看著店裡擺著滿滿的商品，雖然對軍事主題較不了解不感興趣，卻好奇店裡的東西……我又回到長桌繼續看看，觀察巴黎人，路上還是有人停下來看長桌上的東西，然後又都走了；約十分鐘左右那男人回來了，這回他和善地對我笑了，他打開門鎖進到店裡還是掛著微笑看我，原來他只是離開一下子，就是這麼簡單。

後來在這裡我並沒有找到雜貨小店，倒是在路上的甜點店買了一個點心，結帳時，發現不知道在什麼時候，找錢時被找了一個「不是歐元卻長得很像歐元」的硬幣，付錢時被店員退回，才知道「找錢」這事在巴黎要注意。

到傍晚，天色漸漸暗下來，我走到 MONOPRIX 超市那全棟的購物中心裡，很放鬆地閒逛，門口長得很兇的安全人員給我無比的安全感，安心在店內購物到接近晚上八點半，此時的貿易街店家都關門休息了，下著毛毛雨的街上變得好冷清，一對傘下的情侶不知道為了什麼不開心，商店裡櫥窗透出黃光灑落在濕冷的地上，還有紅色招牌亮晃晃襯著，我遠遠地按下快門紀錄下這巴黎第十五區。

INFO

凡夫市集Marché aux puces de la Porte de Vanves
🏠14 Avenue Georges Lafenestre, 75014 Paris
🕐週六至週日7:00～14:00 (市集設有洗手間)
🌐pucesdevanves.fr
🚇Porte de Vanves

一口價超市MONOPRIX（巴黎各區均有分店）
🏠24 rue du Commerce, 75015 Paris
🕐週一至週六9:00～10:00
週日9:00～13:00
📞+33-1-45-79-94-86
🌐http://www.monoprix.fr/
🚇Avenue Émile Zola

Montmartrois   Joyce 201

至高聖潔巴黎

在潔白教堂就能飽覽巴黎全景的第十八區

純白色的聖心堂位在巴黎第十八區的蒙馬特山丘，從聖心堂前廣場遠眺巴黎，是一件浪漫的事。從山丘下的幾個地鐵站都可以沿著山坡往上走，沿途的著名景點包括，狡兔之窟、葡萄園、殉道者公園、洗衣船、達莉妲（Dalida）銅像及故居、帖特廣場、雷諾瓦畫中的「煎餅磨坊」等。

我從塞尚的畫學到了寫作的技巧。簡單真實的句子還不能讓故事立體化，飽滿地呈現四度空間。我從他身上學到很多，可我無法解釋清楚，當然這也是祕密。

——海明威《史丹女士》

真實的才難被接受

作品被評論為不登大雅之堂的海明威

在蒙馬特區的咖啡館內可以看到許多巴黎的 BoBo 族，意即處事低調且有文化涵養的富人，他們經常到這裡來聚會。與海明威在盧森堡公園裡結識的葛楚·史丹女士，曾在西元一九〇八年的時候，於畢卡索所舉辦的盧梭之夜中受邀為座上賓，畢卡索還曾經為史丹女士畫了一幅肖像畫……

海明威在聖米榭廣場上一家雅靜的咖啡館，靈感豐沛時所寫的短篇小說──〈在密西根北部〉（Up in Michigan），內容描述一名單相思的女子，情節中對於女子情慾的內心波動與肢體動作多有著墨。有一次史丹女士應邀至海明威家中作客，在讀了他的幾篇作品後，她說除了〈在密西根北部〉（Up in Michigan）這一篇外，其餘的都很喜歡。

史丹女士問：「這是一篇好作品，但問題不在此，關鍵是它不登大雅之堂，拿不出去。」

「可是，假如這故事並不是下流，而是敘述人們實際生活中可能使用的字眼呢？這樣能使小說帶有真實性」海明威問。史丹女士以更加確定的語氣說：「你也許算是

某種新型態的作家，但是切記，不能寫任何不登大雅之堂的小說。」海明威不再爭辯，也沒有再解釋自己想嘗試些什麼。

被評論為不登大雅之堂，海明威沒有重新謄寫這篇小說，隨手把它扔在抽屜裡。也因為這樣，海德莉並沒有將這一篇作品放入後來在里昂被偷走的行李箱中，〈在密西根北部〉成了被保存下來的小說，最終得以發表於世。

「巴黎永遠是巴黎，巴黎值得眷戀。」海明威在故事的最後說了這句話。

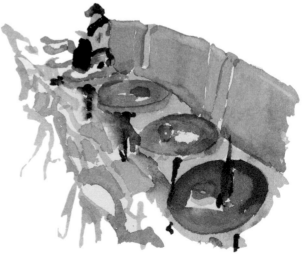

登上蒙馬特山丘感受純白的聖潔

巴黎的觀光聞名世界，因此小型導覽團體也十分風行，普遍會以英語作為導覽語言，以便來自各個不同國家的遊客都能夠了解導遊的景點說明。

蒙馬特地區是巴黎治安較差的觀光區，在附近的聖心堂周圍更聽說有趁機把線綁在遊客的手指頭，藉著要幫遊客祈福，行勒索之實，由於我在巴黎的時候是一個人單獨旅行，為避免不必要的意外，在前往蒙馬特地區這段行程中，安排

一個大約兩小時左右的團體導覽。

這一天是星期五，依照網路上查詢的集合時間地點，是早上十一點在二號線「布蘭修」地鐵站（Blanche）外面的紅磨坊前集合，兩位身穿粉紅色背心的大學生皮耶（Pierre）和奧立佛（Olivier）擔任我們這群團員的領隊；來自世界各地互不熟識的我們幾近三十人，團員除了我及另外一位男士之外，清一色是西方人。後來我發現本隊是少見的「大團」，團體導覽一般都是在十人以內，但人多熱鬧大家都顯得特別熱絡，氣氛也很悠哉。

我們聽完紅磨坊的介紹後轉往勒皮克街（Rue Lepic）朝著蒙馬特山坡前進，皮耶和奧立佛熱情的招呼大家跟上隊伍，他們掩不住喜悅，不想漏失任何一位隊友，因帶領的人數眾多，使得年輕的他們興奮地自己不斷吶喊著：「我是個導遊！I am a guide！」

● 皮耶和奧立佛。

　　兩位領隊都隨身攜帶著區域內各個景點的圖文檔案作為介紹時的輔助工具，我和另外一位女士喜歡用相機記錄沿途風光，我們結伴在領隊介紹完單一景點時到處拍照並彼此分享，隊伍裡不管來自哪個國家的男士們則對紅磨坊的表演藝術很有興趣，特別是上空舞蹈表演的部份！以至於講到紅磨坊的時候有一小陣低沉的歡呼聲，現場明顯有情緒升高的氣氛。

　　十八區的蒙馬特山丘，因為位在北邊的高地，從山下的地鐵站步行環繞的小路後抵達聖心堂，著名的巴黎一百八十度全景盡收眼底，因此將這個地點列入旅程中之必要景點吧！潔白聖心堂是由一種特別的石灰泉石「la pierre travertin」建成的，碰到水就會溶出白色，藉著雨水，外牆會越來越白。聖心堂前總是聚集滿滿的遊客，等著排隊進去參觀或者坐在長階梯前眺望巴

● 聖心大教堂與巴黎，即使在熙熙攘攘的人群中還是浪漫。

黎，即使遊客眾多，來到這裡還是不減浪漫情懷，想起電影《艾蜜莉的異想世界》便是在附近拍攝，片中復古保守的俏皮愛情，對照於聖心堂與山下的旋轉木馬，十分到位。

舊時居住於哈文勇街七號「洗衣船」（Rue Ravignan）中的畫家梵谷、畢卡索、阿米迪奧 ‧ 莫迪利亞尼（Amedeo Modigliani）、馬克思 ‧ 雅各布（Max Jacob）等，當時都是貧困的窮藝術家，在十間由骯髒木板隔間而成的分租畫室中創作，各自成名後，這個發源地便據說是充滿藝術能量的地方。據傳西元一九〇九年九月九日畢卡索在自己的小房間裡，看到穿著黃袍的耶穌降臨，他說當時身體動彈不得，卻感到前所未有的舒暢，從此好像被開啟了某種能力。至今仍有許多人來到這一區尋找這一種神祕的力量，在這裡還孕育了雨果、波特萊爾等大文學家。靜靜地坐在洗衣船前方的小公園，聆聽街頭流浪藝人的手風琴樂聲，到飲用水噴泉用手邊的空瓶接一點水解渴，看著階梯

前由兩邊法式建築物框夾出來的巴黎景緻，為自己的藝術旅程注入一些能量。

若時間上許可，到讓瑪黑廣場（Place Jean Marais）的聖皮耶古教堂（Saint-Pierre）參觀，也能到裡面看不定期展覽；教堂外面著名的「帖特廣場」不用多說早已聚集許多街頭藝術家擺攤，熱鬧非凡，對眼前的種種景象感到驚奇後，定下神來選幾張喜歡畫帶回家！不僅是收藏，說不定下一個「畢卡索」或「達利」就在這裡。

蒙馬特山又稱為「殉道者山」，公元二世紀耶穌釘在十字架上後過了兩百年，傳道者聖丹尼斯來到法國傳福音，卻遭到羅馬人斬首的命運；相傳聖丹尼斯斷頭後，彎下身抱起自己的頭顱，莊嚴地走了數公里路才倒地死亡。當地後來蓋了聖丹尼大教堂（Basilique de Saint-Denis）紀念他，並成為法國王室國葬的教堂，這段故事為蒙馬特山丘在浪漫之中增添幾分肅穆。

INFO

閣樓麵包店Le Grenier à Pain（巴黎尚有其他分店）

⌂ 38 rue des Abbesses, 75018 Paris
🕐 週四至週一7:30〜20:00
📞 +33-1-46-06-41-81
🚇 Abbesses

洗衣船藝術家故居 Le Bateau-Lavoir

⌂ 13 Place Émile Goudeau, 75018 Paris
🚇 Abbesses

老文具/書店Au Pied de Lettre/Sarl Pedec

⌂ 5 rue Tardieu, 75018 Paris
🕐 週二、週四至六10:30〜19:30
　　週日14:30〜17:00
　　週一14:30〜19:30
📞 +33-1-46-06-14-05
🚇 Anvers

迷你娃娃屋 Dentelles et Ribambelles

⌂ 26 rue Damrémont, 75018 Paris
🕐 週一至週六11:00〜13:00；
　　14:00〜18:00
⊕ dentelles-et-ribambelles.fr
🚇 Lamarck-Caulaincourt

書店L'atelier

⌂ 59 rue des Martyrs, 75009 Paris
🕐 週二至週六10:00〜19:30
　　週日10:00〜13:00
📞 +33-1-48-74-30-74
⊕ librairie.atelier9.free.fr
🚇 Pigalle

沿途小記

巴黎第十八區繪影

■貝古杯子蛋糕店，在十八區
的分店現已歇業。

■巴黎公社路意斯紀念牌。

■勒皮克街上的蔬果店。

巴黎第十八區散步路線圖

1. Café des Deux Moulins 雙風車咖啡館
2. Le Grenier à Pain 閣樓麵包店
3. Le Bateau-Lavoir 洗衣船
4. Le Moulin Blute-Fin 煎餅磨坊
5. Dalida 達莉妲故居

6. Place Dalida 達莉達廣場
7. Clos Montmartre 葡萄園
8. La Maison Rose 狡兔之窟
9. Place du Tertre 帖特廣場
10. Sacré-Cœur 聖心堂

巴黎旅遊小叮嚀

最佳旅遊時間

3～5月是溫暖的春季，從2月中旬開始，法國白晝時間逐漸增長，這也能增加體驗巴黎日間活動行程；而9月至11月，法國進入秋高氣爽的季節，讓人能夠舒服地遊巴黎。但要注意的是，法國白天與夜晚溫差較大，若是遇上雨天，氣溫也會相對較低，建議可隨身攜帶小外套和雨傘。

7～9月法國正值炎熱乾燥的夏季，若安排此時前往巴黎，建議攜帶太陽眼鏡，做好防曬保護。由於這對時間假期較多，多數商鋪可能會暫時營業。
12～2月法國進入深秋及冬季，夜晚時間逐漸增長，下雨也較頻繁，但氣溫卻少會低於零度，因此這段時間適合室內觀光，也可以享受巴黎浪漫的夜生活。

多元交通方式

巴黎市內有多種交通方式可供選擇，若是想欣賞沿途街景，可以選擇搭乘巴士，優閒地漫遊巴黎；若想節省時間，就可以選擇搭乘地鐵，暢通無阻地穿梭巴黎。

TICKET t+ 可用來搭乘巴黎市內的巴士、地鐵及有軌電車。任何一處地鐵站皆有販售，若是搭乘巴士也能向司機購買，單程票一張 1.9 歐元。

NAVIGO 交通卡 若旅遊巴黎的時間不只一週，建議選擇購買 NAVIGO 交通卡，有週卡或者月卡兩種選項，週卡 22.8 歐元；月卡 75.2 歐元。

觀光簽證	**所需資料**	護照正本（6個月以上效期，簽名欄位需本人親自簽名）1份 兩吋照片（1個月內彩色白底）2張 國民身份證正反面影本 1份 訂位紀錄（PNR）1份 正確訂房記錄單1份 英文存款證明10萬元以上或全部存摺影本1份 英文申根保險單正本1份
	證件效期	2個月
	入境次數	多次
	停留天數	移民官決定
	辦理天數	3～4天
	費用	新台幣3,200元
商務簽證	**所需資料**	護照正本（6個月以上效期，簽名欄位需本人親自簽名）1份 兩吋照片（1個月內彩色白底）2張 國民身份證正反面影本1份 訂位紀錄（PNR）1份 邀請函及公司保證信1份 英文申根保險單正本1份
	證件效期	2個月
	入境次數	多次
	停留天數	移民官決定
	辦理天數	3～4天
	費用	新台幣3,200元

申辦單位：法國在台協會

地址：105台北市敦化北路205號10樓1003室

TEL：02-35185151 / FAX：02-35185190

網址：http://www.fi-taipei.org/

貨幣與稅務

法國的法定貨幣為歐元，建議在前往法國前兌換好所需貨幣；因許多商家會拒收大面值貨幣，建議可兌換100歐元以下的貨幣。

若年滿 16 歲，持有少於六個月的旅遊簽證，以及同張收據上的消費高於 175 歐元，則可以辦理退稅。在法國通常有當場現金退稅、機場退稅兩種退稅方式，通常情況下，退稅款項會於每個月中旬轉賬。從法國回國前，需要在托運行李之前辦理退稅手續，在海關處索取蓋章及收據，隨後將此單據遞交 Remboursement de la TVA 申請退稅款項。

通訊方式

歐洲通用 急救電話 112	台灣直撥到巴黎 002-33-1 +電話號碼 巴黎直撥回台灣 00-886 +區域號碼 +電話號碼	郵政 郵局的營業時間為週一到週五上午9點到下午5點，週六為上午9點到12點。	外交部緊急聯絡中心旅外國人急難救助專線 +886-800-085-095

各實用網站

巴黎地下鐵路線圖下載	https://www.ratp.fr/plans-lignes
RATP乘車資訊	https://www.ratp.fr/
OUI.sncf售票資訊	https://en.oui.sncf/en/
歐洲鐵路售票資訊	https://www.raileurope.com.tw/
巴黎租屋資訊數據網	https://opendata.paris.fr/explore/?sort=modified
巴黎市政廳官方網站	https://www.paris.fr/
法國政府官方網站	https://www.gouvernement.fr/
法國在台協會官方網站	https://www.france-taipei.org/cn.france.fr/zh-hant

美好 生活描繪

貓，請多指教3：用最喵的方式愛你

作者：Jozy、春花媽
繪者：Jozy
定價：290元

為什麼貓兒總是不喝水？為什麼時常尿尿在床上？如何搞懂貓咪的心思與需求？該怎麼解讀喵星人的一舉一動？愛他就要先了解他……透過超萌有趣的四格漫畫，動人心弦的互動故事，分享寶貝們的心裡事，讓你用更體貼的方式愛他們。

貓，請多指教2：每一聲喵都是愛

作者：Jozy、春花媽
定價：230元

等著你回家的每一個傍晚，在你身上來回的每一下踩踏，期待你餵食的每一聲呼喚……你的人生與他的貓生，如此美好且溫暖。透過可愛又迷人的漫畫，一起進入動物溝通師春花媽與貓兒的故事中，想起你家最寶貝的毛孩們。

貓，請多指教1：今天就是我們相愛的開始

作者：Jozy、春花媽
定價：250元

還記得怎麼跟你家毛孩相遇的嗎？在領養所內一見鍾情？在中途媽媽懷中被萌樣擊倒？在回家途中的意外相逢？讓我們透過萌度破表的可愛漫畫，一起進入動物溝通師春花媽與毛孩們的故事中，體會那些與貓兒們相處的爆笑與溫暖。

藏獒是個大暖男：西藏獒犬兒子為我遮風雨擋死，絕對不會背叛我的專屬大暖男

作者：寶總監
繪者：寶總監
定價：320元

14萬粉絲引頸期盼，超人氣圖文作家寶總監推出新作！小兒子藏獒巴褲化身書中主角，告訴大家藏獒一點都不可怕，甚至是專屬於你的溫柔暖男！只要你對狗好，狗就會加倍的對你好，西藏獒犬小兒子巴褲給了我一輩子頑固的忠誠。

10秒鐘美食教室：秒懂！那些料理背後的二三事
作者：Yan
繪者：Yan
定價：350元

為什麼叫愛玉？南北粽哪裡大不同？花枝、魷魚、章魚到底怎麼分？台灣的冰到底有幾種？讓超人氣圖文創作者「10秒鐘教室」教你用最有趣的方式認識食物！以鮮明易懂、詼諧有趣的圖文創作告訴你藏在飲食裡的祕密！

全世界我最愛你：太太先生3
作者：馬修
定價：250元

太太先生第三彈！！讓腦公變身暖男歐爸的最新祕笈！壓軸上市！網路從未公開放閃內容，讓你的腦公更快升級。當太太變成媽媽，先生變成爸爸……會有哪些讓人捧腹大笑、動人溫馨的故事？翻開本書你將發現，感情與婚姻的路上，還有太太先生的陪伴。

謝謝你愛我：太太先生 2
作者：馬修
定價：250元

眾粉絲與人妻熱烈敲碗求續集，太太先生寵妻無極限第二彈！腦公總是叫不動、眼睛老是黏在電視和手機螢幕上嗎？倒個垃圾要3小時、做家事要三催四請五拜託！！這回，作者馬修和太太攜手，公開最私密、最有效的腦公訓練秘笈，獻給全天下的太太與女朋友們！

太太先生之不管神隊友還是豬隊友，你就是我一輩子的牽手！
作者：馬修
定價：280元

馬修7年來堅持每天畫下與太太之間的生活點滴，他用逗趣的插畫說出太太的心聲，原來有時候真的不需要買昂貴的禮物或鮮花只要一個擁抱或關心，就會心滿意足；也用幽默的對話提醒太太們，男人有時候只是忘了將愛說出口，只是偶爾想打個電動而已啦！

精采 暢遊世界

Salute!前進16座義大利經典酒莊：跟著Peggy邊繪邊玩

作者：陳品君（Peggy Chen）

定價：330元

雨天和大太陽下種植的葡萄，釀酒口感竟然大不同？採收要選良辰吉時？連修剪葡萄藤也是一門學問？！獨具風格的手繪插圖搭配生動的文字，引領你進入威士忌和葡萄酒的迷人國度。認識關於種植葡萄品種、當地釀酒習慣與風味，以及許多饒富趣味的酒知識等等。

文青の生活散策。享受單純美好的小日子

作者：江明麗、許恩婷、楊志雄、盧大中

定價：320元

不論文青、知青或憤青，都想一探究竟的風格小店與文創景點，帶你一次逛個夠！探尋佇立河岸與山城的祕境書店，拜訪隱身街頭和巷尾的手作雜貨；走進百年料亭化身為書香繚繞的茶館，發現傳統產業轉型成時尚尖端的品牌。

巴黎甜點師Ying的私房尋味：甜點咖啡、潮流美食推薦給巴黎初心者的16條最佳散步路線

作者：Ying C.

定價：380元

來到巴黎，這座世人眼中的浪漫之都，除了欣賞歷史名勝、體驗美好氛圍之外，各式精緻甜點與潮流美食更是不可錯過！讓久居巴黎的專業甜點師親自帶你走一趟，一起探索真正的花都食尚，發現這座城市對味與美的不懈追求。

別怕！B咖也能闖進倫敦名牌圈：留學X打工X生活，那些倫敦人教我的事

作者：湯姆（Thomas Chu)

定價：360元

一樣是海外打工度假，他卻在APPLE、Burberry、AllSaints……等品牌工作！讓湯姆來告訴你，打工度假不是只能在果園、農場、餐廳……你可以擁有更好的！面試實戰經驗，精采倫敦體驗，橫跨留學、工作、生活，倫敦教給他的三年，跟別人都不一樣。

倫敦地鐵自在遊全攻略(套書)：5大人氣商圈╳30座風格車站╳110處美好風景╳300家精選好店

作者：蔡志良

定價：599元

一張地鐵票，暢遊倫敦！倫敦旅遊達人帶你這樣玩：遊英倫地標大鵬鐘、俯瞰泰晤士河的倫敦眼……，經典美景不錯過！最道地的下午茶，最澎派的英式早餐……讓你享受最浪漫、最時髦、最好買的時尚之都！

樂遊台灣：30個此生必遊的台灣景點，帶你玩出最不一樣的道地滋味

作者：樂寫團隊

定價：350元

在366種繽紛色彩中，品嚐鹽花霜淇淋。探訪煙霧繚繞的城鎮，認識女巫的故鄉。赤腳踏進濕地，欣賞天空之鏡的絕美衝擊。在千年神木圍繞下，細細聆聽自然的寧靜。這是此生必遊之地，福爾摩沙！

胡志明小旅行：風格咖啡╳在地小吃╳創意市集╳打卡熱點，帶你玩出胡志明的文青味

作者：蔡君婷

定價：350元

繼首爾、曼谷之後，另一處文青最愛的旅遊勝地，東方巴黎——越南胡志明市。殖民時期的法式建築，是怎麼拍怎麼美的打卡聖地；作為世界咖啡產區之一，讓胡志明市擁有獨特的咖啡文化，各種文青風格新興市集，風情不輸曼谷！

東京小日子：Long stay!校園生活╳打工賺錢╳暢玩東京

作者：妙妙琳

定價：300元

人生值得冒險一次，日文程度不是問題！留學、打工度假、小旅行都能順利通關！本書是部落格文章重新蛻變後的新面貌，不只是旅遊書更可作為留學打工小祕笈！就快讓妙妙琳陪您一起東京LONG STAY吧！

FINE WRITING
INTERNATIONAL

尚羽堂代理超過2000項深具歷史與精湛工藝文具精品

並致力於提供友善與文化傳承的書寫體驗。

我們也與當地工藝家合作，結合珍稀材料與技法，

量身打造傳承文化底蘊高級文具。

到巴黎尋找 海明威

用手繪的溫度，帶你逛書店、啜咖啡館
閱讀作家故事，一場跨越時空的巴黎饗宴

作　　　者	羅彩菱（Joyce）
插　　　畫	羅彩菱（Joyce）
插畫翻拍	楊志雄
編　　　輯	黃勻薔
校　　　對	羅彩菱（Joyce）、黃勻薔
美術設計	劉錦堂

發 行 人	程顯灝
總 編 輯	呂增娣
主　　編	徐詩淵
編　　輯	鍾宜芳、吳雅芳
	黃勻薔
美術主編	劉錦堂
美術編輯	吳靖玟、劉庭安
行銷總監	呂增慧
資深行銷	吳孟蓉
行銷企劃	羅詠馨

發 行 部	侯莉莉
財 務 部	許麗娟、陳美齡
印　　務	許丁財
出 版 者	四塊玉文創有限公司

總 代 理	三友圖書有限公司
地　　址	106台北市安和路2段213號4樓
電　　話	(02) 2377-4155
傳　　真	(02) 2377-4355
E-mail	service@sanyau.com.tw
郵政劃撥	05844889 三友圖書有限公司

總 經 銷	大和書報圖書股份有限公司
地　　址	新北市新莊區五工五路2號
電　　話	(02) 8990-2588
傳　　真	(02) 2299-7900

製版印刷	卡樂彩色製版印刷股份有限公司
初　　版	2019年10月
定　　價	新台幣380元
I S B N	978-957-8587-92-2（平裝）

國家圖書館出版品預行編目(CIP)資料

到巴黎尋找海明威：用手繪的溫度，帶你逛
書店、啜咖啡館、閱讀作家故事，一場跨越
時空的巴黎饗宴 / Joyce著. -- 初版. -- 臺北
市：四塊玉文創, 2019.10
　面；　公分
ISBN 978-957-8587-92-2(平裝)

1.旅遊 2.法國巴黎
742.719　　　　　　　　　　108015642

SANYAU
http://www.ju-zi.com.tw
三友圖書
友直 友諒 友多聞

三友圖書有限公司 收
SANYAU PUBLISHING CO., LTD.

106　台北市安和路2段213號4樓

三友圖書
讀書俱樂部

購買《到巴黎尋找海明威：用手繪的溫度，帶你逛書店、啜咖啡館、閱讀作家故事，一場跨越時空的巴黎饗宴》的讀者有福啦，只要詳細填寫背面問卷，並寄回三友圖書／四塊玉文創，即有機會獲得「尚羽堂國際有限公司」獨家贊助的精美好禮！

法國 G.Lalo 精緻信封信紙組　共 **2** 名

（NT $ **1000** ／組）

（贈品樣式以實際提供為準）

本回函影印無效

親愛的讀者：

感謝您購買《到巴黎尋找海明威：用手繪的溫度，帶你逛書店、啜咖啡館、閱讀作家故事，一場跨越時空的巴黎饗宴》一書，為回饋您對本書的支持與愛護，只要填妥本回函，並於**2019年12月6日**前寄回本社（以郵戳為憑），即有機會參加抽獎活動，獲得「法國G.Lalo精緻信封信紙組，共2名（NT＄1000／組）」（共2名）。

姓名 _____　出生年月日 _____

電話 _____　E-mail _____

通訊地址 _____

臉書帳號 _____

部落格名稱 _____

1 年齡
□18歲以下　□19歲～25歲　□26歲～35歲　□36歲～45歲　□46歲～55歲
□56歲～65歲　□66歲～75歲　□76歲～85歲　□86歲以上

2 職業
□軍公教　□工　□商　□自由業　□服務業　□農林漁牧業　□家管　□學生
□其他 _____

3 您從何處購得本書？
□博客來　□金石堂網書　□讀冊　□誠品網書　□其他 _____
□實體書店 _____

4 您從何處得知本書？
□博客來　□金石堂網書　□讀冊　□誠品網書　□其他 _____
□實體書店 _____　□FB（四塊玉文創／橘子文化／食為天文創 三友圖書——微胖男女編輯社）
□好料刊（雙月刊）　□朋友推薦　□廣播媒體

5 您購買本書的因素有哪些？（可複選）
□作者　□內容　□圖片　□版面編排　□其他 _____

6 您覺得本書的封面設計如何？
□非常滿意　□滿意　□普通　□很差　□其他 _____

7 非常感謝您購買此書，您還對哪些主題有興趣？（可複選）
□中西食譜　□點心烘焙　□飲品類　□旅遊　□養生保健　□瘦身美妝　□手作　□寵物
□商業理財　□心靈療癒　□小說　□其他 _____

8 您每個月的購書預算為多少金額？
□1,000元以下　□1,001～2,000元　□2,001～3,000元　□3,001～4,000元
□4,001～5,000元　□5,001元以上

9 若出版的書籍搭配贈品活動，您比較喜歡哪一類型的贈品？（可選2種）
□食品調味類　□鍋具類　□家電用品類　□書籍類　□生活用品類　□DIY手作類
□交通票券類　□展演活動票券類　□其他 _____

10 您認為本書尚需改進之處？以及對我們的意見？

_____

臉書專頁

痞客邦部落格

本回函得獎名單公布相關資訊
得獎名單抽出日期：**2019年12月27日**
得獎名單公布於：
四塊玉文創／橘子文化／食為天文創／三友圖書——微胖男女編輯社
https://www.facebook.com/comehomelife/